U0097094

古代歷史文化研究輯刊

二七編

王明蓀 主編

第4冊

北魏軍鎮及軍鎮職官考
——以正史文獻與墓誌為中心的探討（下）

王萌 著

國家圖書館出版品預行編目資料

北魏軍鎮及軍鎮職官考——以正史文獻與墓誌為中心的探討
（下）／王萌 著 -- 初版 -- 新北市：花木蘭文化事業有限公司，
2022〔民111〕
目 6+182 面；19×26 公分
（古代歷史文化研究輯刊 二七編；第4冊）
ISBN 978-986-518-772-9（精裝）
1.CST：軍事 2.CST：研究考訂 3.CST：南北朝史
618　　　　　　　　　　　　　　　　　　　110022105

ISBN-978-986-518-772-9

9 789865 187729

古代歷史文化研究輯刊
二七編　第四冊　　　　　　　　　ISBN：978-986-518-772-9

北魏軍鎮及軍鎮職官考
——以正史文獻與墓誌為中心的探討（下）

作　　者　王萌
主　　編　王明蓀
總 編 輯　杜潔祥
副總編輯　楊嘉樂
編輯主任　許郁翎
編　　輯　張雅淋、潘玟靜、劉子瑄　美術編輯　陳逸婷
出　　版　花木蘭文化事業有限公司
發 行 人　高小娟
聯絡地址　235 新北市中和區中安街七二號十三樓
　　　　　電話：02-2923-1455／傳真：02-2923-1452
網　　址　http://www.huamulan.tw 信箱 service@huamulans.com
印　　刷　普羅文化出版廣告事業
初　　版　2022 年 3 月
定　　價　二七編 13 冊（精裝）台幣 38,000 元

版權所有 · 請勿翻印

北魏軍鎮及軍鎮職官考
——以正史文獻與墓誌為中心的探討（下）

王萌　著

目

次

第二章　自然因素對北魏軍鎮防禦體系規劃布局的影響——以北部邊疆軍鎮防禦體系為中心

第一節　自然因素對古代軍事攻防之影響

一、自然因素在古代軍事活動中的應用

　　自先秦時期，人們就已經關注自然因素對軍事進攻與防守的影響。如《孫臏兵法・月戰》所載「天時、地利、人和，三者不得，雖勝有殃」就鮮明體現出，除人為因素之外，包括「天時」、「地利」在內的自然因素成為影響軍事進程的關鍵環節。

　　《管子・度地》載：

　　　　昔者桓公問管仲曰：「寡人請問度地形而為國者，其何如而可？」管仲對曰：「夷吾之所聞，能為霸王者，蓋天子聖人也，故聖人之處國者，必於不傾之地，而擇地形之肥饒者，鄉山左右，經水若澤。內為落渠之寫，因大川而注焉。乃以其天材地利之所生，養其人以育六畜。」

　　《管子・乘馬》載：

　　　　凡立國都，非於大山之下，必於廣川之上；高毋近旱，而水用

足；下毋近水，而溝防省；因天材，就地利，故城郭不必中規矩，
道路不必中準繩。

《管子》度地與乘馬，雖然反映的是都城與一般城池修築時所考慮的自
然環境中地勢因素，但古代軍事性質城址之修築亦以地勢因素為首要考慮對
象。

《荀子‧議兵》載：

臨武君與孫卿子議兵於趙孝成王前，王曰：請問兵要？

臨武君對曰：上得天時，下得地利，觀敵之變動，後之發，先
之至，此用兵之要術也。

《荀子》所論亦鮮明反映出自然氣候、地勢對軍事攻防之影響。

《淮南子》卷二一《要略》載：

秦國之俗，貪狼強力，寡義而趨利，可威以刑，而不可化以善，
可勸以賞，而不可屬以名，被險而帶河，四塞以為固，地利形便，
畜積殷富，孝公欲以虎狼之勢而吞諸侯，故商鞅之法生焉。

上述反映出秦國正是佔據為險要所拱衛、擁有「進可攻，退可守」優勢
的關中，以關中為根據地，世代經營關中、穩步東進，最終統一天下。而統一
天下後的秦，亦注重利用地利優勢進行邊疆經營。如《史記》卷八八《蒙恬列
傳》所載：

始皇二十六年，蒙恬因家世得為秦將，攻齊，大破之，拜為內
史。秦已并天下，乃使蒙恬將三十萬眾北逐戎狄，收河南。築長城，
因地形，用制險塞，起臨洮，至遼東，延袤萬餘里。

以上史料體現出秦統治者以「因地形，用制險塞」為擁有山川險阻優勢
的北部邊疆經營中的重要依據思想。秦正是憑藉依託於山險而存在的長城防
禦體系，充分發揮中原社會築城與固守之優勢來對抗善於遠距離奔襲作戰的
漠北游牧民族騎兵，實現抵禦匈奴於域外的戰略目的。

拓跋氏活躍於塞外時，若其不向中原擴張勢力，草原地區的地理環境決
定拓跋領袖必然要把主要精力放在騎兵方面，通過擁有強盛作戰實力的騎兵
來吞併周邊部族。當拓跋領袖欲南下中原時，必然要面對中原北方陰山等山
險地勢以及中原政權於北部邊疆地區修築的長城、戍堡等屏障所帶來的阻力。
雖然拓跋氏南下中原正值北方亂世，中原北方山險地勢無人防守，中原北部
邊疆地區的長城、戍堡等屏障對拓跋氏集團的阻力相對較小，但拓跋氏統治

者必然熟知若中原局勢穩定、北部邊疆經營得當，北方民族欲南下中原將遇
到非常大的阻力。所以，較順利跨越陰山山險、入居中原的拓跋氏統治者注
意到：入主中原，生活環境與塞外迥異，在鞏固統治方式上，必然要逐步採
用中原方式。以軍事攻防而言，為保障自己所建政權的北部邊疆安全，在軍
事謀劃上，必須逐步貫徹前代中原政權「因地形，用制險塞」的軍事思想，在
北部邊疆陰山等山險地帶修築長城、鎮城以為藩屏，做為抵禦漠北勁敵柔然
的屏障。《魏書》就有北魏統治集團在北部邊疆防禦中貫徹「因地形，用制險
塞」即重視自然因素的記載。如《魏書》卷三〇《來大千傳》載：

> 延和初，車駕北伐，大千為前鋒，大破虜軍。世祖以其壯勇，
> 數有戰功，兼悉北境險要，詔大千巡撫六鎮，以防寇虜。經略布置，
> 甚得事宜。

以上史料反映出：一方面，北魏太武帝設置六鎮，受到「因地形，用制
險塞」軍事思想的影響；另一方面，在《孫臏兵法·月戰》所云「人和」得以
保障的基礎上，地勢等自然因素成為北魏統治者成功經略北疆、實現抵禦柔
然於域外的關鍵所在，甚至北魏統治者選任北部邊疆軍鎮鎮將，除考慮族屬
因素，熟悉北疆自然地理環境亦為統治者考核被選者的又一重要標準。

《魏書》卷五四《高閭傳》載：

> 昔周命南仲，城北朔方；趙靈、秦始，長城是築；漢之孝武，
> 踵其前事。此四代之君，皆帝王之雄傑，所以同此役者，非智術之
> 不長，兵眾之不足，乃防狄之要事，其理宜然故。《易》稱天險不可
> 升，地險山川丘陵，王公設險以守其國，長城之謂歟？今宜依故於
> 六鎮之北築長城，以禦北虜。雖有暫勞之勤，乃有永逸之益，如其
> 一成，惠及百世。即於要害，往往開門，造小城於其側。因地卻敵，
> 多有弓弩。狄來有城可守，其兵可捍。既不攻城，野掠無獲，草盡
> 則走，終必懲艾。

高閭之議後為孝文帝所採納。高閭所言「因地卻敵」，便是自然因素對北
魏北部邊疆軍事佈防產生重要影響的反映。

即使北魏孝文帝遷都洛陽後，洛陽統治集團對如何利用自然因素鞏固北
疆防禦仍然高度重視。如《魏書》卷四一《源賀傳附源懷傳》載：

> （正始元年）懷旋至恒、代，案視諸鎮左右要害之地，可以築
> 城置戍之處。皆量其高下，揣其厚薄，及儲糧積仗之宜，犬牙相救

之勢，凡表五十八條。表曰：「……自皇魏統極，都於平城，威震天下，德籠宇宙。今定鼎成周，去北遙遠。代表諸蕃北固，高車外叛，尋遭旱儉，戎馬甲兵，十分闕八。去歲復鎮陰山，庶事蕩盡，遣尚書郎中韓貞、宋世量等檢行要險，防遏形便。謂準舊鎮東西相望，令形勢相接，築城置戍，分兵要害，勸農積粟，警急之日，隨便剪討。如此則威形增廣，兵勢亦盛……北方無憂矣。」世宗從之。今北鎮諸戍東西九城是也。

　　源懷上書反映的就是自然因素成為軍事城鎮選址以及北魏在北疆防守中出奇制勝的關鍵因素，尤其突出積極與靈活利用自然地勢在北疆防禦中的意義。

二、北魏北部邊疆軍鎮地帶的軍事地理環境

　　由於北魏前期首都平城地近北部邊疆地區，地緣因素使北部邊疆之軍事價值與地位遠超越於其他邊疆；同時由於柔然是北魏最大的邊患來源，且柔然與北魏對峙長達近一個半世紀。所以，除東部海疆之外，在北魏其他邊疆形勢總體較嚴峻的背景下，北部邊疆始終是北魏統治集團重點關注所在。

　　位於北魏北部邊疆地區的軍鎮防禦體系，東起河北北部，西至甘肅東北，此體系所在地區自秦漢以來，一方面，大體上可視為中原農業社會勢力與北方游牧社會勢力的交界地帶；另一方面，亦可做為依託中原與漠北兩大政治實體的農業經濟與游牧經濟的交界、過渡地帶。秦漢至隋唐時期，無論是南北大一統政權，還是統一中原北方的政權，較重視在此區域進行軍事經營以鞏固北部邊防。北魏明元帝至孝文帝，在此區域修築長城、設置軍鎮，逐步構築完善的軍事協同防禦體系。

1. 北魏北部邊疆軍鎮防禦體系之區域地理方位

　　北魏北部邊疆軍鎮防禦體系，主要分布在今河北、內蒙古、寧夏、甘肅、青海與新疆境內。北魏北部邊疆軍鎮防禦體系所在區域基本上位於中國三級階梯中的第一與第二階梯之內，地勢由東向西逐步增高，海拔在1000～3000米之間；地形以山地、高原為主；由東向西有陰山、雅布賴山、祁連山，海拔多在400～5500米之間；內有黃河、弱水、疏勒河等。

　　秦與西漢逐步奠定中國古代政權疆域之基礎，亦逐步奠定中國古代政權北疆防禦範圍基礎。本文認為，將北魏北疆軍鎮防禦體系與秦及西漢長城位

置進行比較，大體可看出北魏北疆軍鎮防線在秦漢長城防線基礎上的伸縮之
勢以及由此體現的北魏實力強弱以及邊疆所面臨壓力之大小。

秦統一後，秦始皇下令在戰國秦、趙、燕長城的基礎上，通過新築與對
原有秦趙燕部分長城修築的方式，在北部邊疆地區構築起延綿萬里的長城，
史稱秦始皇長城。秦始皇長城之大部分布在第二階梯內，少部分布在第一階
梯與第三階梯內。秦始皇長城的基本走向「西起於甘肅省岷縣，循洮河向北
至臨洮縣，由臨洮縣經定西南境向東北至寧夏固原縣，由固原向東北方向經
甘肅省環縣，到陝西靖邊、橫山、榆林、神木，然後向北至內蒙古自治區境內
托克托南，抵黃河南岸」、「黃河以北的長城則由陰山山脈西段的狼山，向東
直插大青山北麓，繼續向東經內蒙古集寧、興和至河北尚義縣境。由尚義向
東北經河北省張北、圍場諸縣，再向東經遼寧撫順、本溪然後折向東南，終
止於朝鮮平壤西北部清川江入海處」〔註1〕。由此可見秦始皇長城大部位於第
二階梯內，少部分位於第一階梯、第三階梯。

今學界所稱之漢長城，主要指西漢長城〔註2〕。（1）漢長城東段：漢長城
東段遺跡指內蒙古商都以東至遼東半島的漢長城，「東自內蒙古寧城縣大營子
一帶進入河北省承德縣三道溝門鄉獵子溝車子梁，西南行至志雲鄉雙廟梁，
從志雲鄉西去……經三家鄉北山包、電神廟後山……窯頂面子山，進入隆化
縣境內，西經中關鄉河南、馬虎營……牌岔子，分為西、南兩路。西路經過荊
堂溝、北溝，至存瑞鄉西山營……再西進入豐寧縣化吉營至鳳山間。南路從
隆化縣十八里汰鄉南行至牌岔子溝……經灤平縣哈以氣……水泉溝，一直向
西南方向延伸」〔註3〕。遼寧境內漢長城遺跡「自遼寧阜新市往東，經彰武、
法庫、開原，然後折而向南，經新賓、寬甸，進入朝鮮境內」〔註4〕。（2）漢
長城中段：漢長城中段遺跡為「內蒙古商都以西至額濟納旗之間的漢長城。
兩條平行的長城，南側一條起自武川縣境內，西越固陽縣、烏拉特中後旗、
新湖熱和潮格旗，深入蒙古國境內。靠北的一條，東起達茂聯合旗西南，西

〔註1〕段清波、徐衛民：《中國歷代長城發現與研究》第二章《秦始皇長城研究綜述》，
　　　　北京：科學出版社，2014年，第160～161頁。
〔註2〕段清波、徐衛民：《中國歷代長城發現與研究》第三章《漢長城研究綜述》，
　　　　北京：科學出版社，2014年，第188頁。
〔註3〕段清波、徐衛民：《中國歷代長城發現與研究》第三章《漢長城研究綜述》，
　　　　北京：科學出版社，2014年，第197頁。
〔註4〕段清波、徐衛民：《中國歷代長城發現與研究》第三章《漢長城研究綜述》，
　　　　北京：科學出版社，2014年，第197頁。

經烏拉特中後旗和潮格旗的桑根達來、烏蘭、巴彥前達門、寶音圖、烏力吉等鄉，進入蒙古國境內，再轉而向南，復入內蒙古自治區境內，至額濟納旗蘇古諾爾湖東北，與西段的漢長城相接」〔註5〕。（3）漢長城西段：漢長城西段遺跡「自內蒙古額濟納旗蘇古諾爾湖畔起，延額濟納河南下，至甘肅金塔縣境內循北大河向西折轉，再延北山山地南麓和疏勒河畔，直至敦煌縣西北，小方盤城，再向西經羅布泊、孔雀河畔的延伸，不再築城牆，而是建造綿延的烽燧」〔註6〕。

北魏北部邊疆軍鎮防線，根據考古發現與學界相關研究，東起河北省赤城縣境的禦夷鎮城址；向西經過河北省張北縣境的懷荒鎮城址；向西經過內蒙古烏蘭察布察右後旗南部的柔玄鎮城址；折向西北經過烏蘭察布四子王旗烏蘭花鎮境內的撫冥鎮城址；轉而向西南，經過呼和浩特北部武川縣境的武川鎮城址；又向西經過包頭北部固陽縣境的懷朔鎮城址；再向西經過巴彥淖爾烏蘭特前旗大佘太鎮的沃野鎮城址；折向西南，經過寧夏中部吳中地區的薄骨律鎮城址；折向西南，經過青海樂都地區的鄯善鎮城址；向北經過甘肅省武威地區的涼州鎮城址、姑臧鎮城址；折向西北，經過甘肅省酒泉市敦煌境內的敦煌鎮城址；向西至新疆焉耆地區的焉耆鎮城址。

以秦始皇長城、漢長城與北魏北部邊疆軍鎮防線在第一、第二階梯的分布情況而言：秦始皇長城西段為「甘肅省岷縣—臨洮縣—定西——寧夏固原縣—甘肅省環縣」一線，中段為「甘肅省環縣—陝西靖邊—橫山—榆林—神木—內蒙古自治區境內托克托南—集寧—興和—河北尚義縣境」一線。漢長城西段為「內蒙古額濟納旗蘇古諾爾湖畔—額濟納河—甘肅金塔縣境—北大河—北山山地南麓、疏勒河畔—敦煌縣西北」一線，中段為「武川縣—固陽縣—烏拉特中後旗—新湖熱和潮格旗—蒙古國境內」一線與「達茂聯合旗西南—烏拉特中後旗—潮格旗桑根達來—烏蘭—巴彥前達門—寶音圖—烏力吉等鄉—蒙古國境內—內蒙古自治區額濟納旗蘇古諾爾湖東北」一線。北魏北部邊疆軍鎮防線西段為「新疆焉耆—甘肅省酒泉敦煌—武威—青海樂都—寧夏吳忠」一線，中段與東段為「巴彥淖爾烏蘭特前旗大佘太鎮—包頭北部固

〔註5〕段清波、徐衛民：《中國歷代長城發現與研究》第三章《漢長城研究綜述》，北京：科學出版社，2014年，第197頁。

〔註6〕段清波、徐衛民：《中國歷代長城發現與研究》第三章《漢長城研究綜述》，北京：科學出版社，2014年，第197頁。

陽縣─呼和浩特北部武川縣─烏蘭察布四子王旗烏蘭花鎮─內蒙古烏蘭察布
察右後旗─河北省張北縣─河北省赤城縣」。由此可見，與秦始皇長城相比較，
北魏北部邊疆軍鎮防線西段呈現出明顯的向西擴張、向北推進的趨勢，防線
中段與東段呈現出明顯的向北推進的趨勢；與漢長城相比較，北魏北部邊疆
軍鎮防線整體上呈現出向南移動的趨勢。進而可見，相較秦與西漢，北魏北
部邊疆面臨來自漠北的壓力是非常大的。雖然明元帝至孝文帝期間的北魏統
治者實行修築長城、設置軍鎮等措施以將北部邊疆防線逐步向北推進，但北
魏北疆防線始終沒有恢復到西漢時期的狀況。究其原因：北魏只是統一北方，
而西漢最終形成南北大一統政權，所以，北魏國力較西漢是相對有限的。而
且，北魏還得將一部分軍事力量用在南疆地區，以防江南政權北上侵擾。所
以，實力不可小視的江南也牽制著北魏將北疆防線向北推進的精力。

2. 北魏北部邊疆地帶的土地資源與利用情況

本文作者在《北魏北部邊疆與民族政策研究》中認為，至道武帝登國五
年（390），北魏吞併賀訥部後，北魏北部邊疆中部擴展至陰山北麓；道武帝
登國九年（394），北魏北部邊疆向西延伸至鄂爾多斯高原；道武帝皇始元年
（396），北魏北部邊疆向東擴展至河北北部。雖然《魏書》關於北魏北部邊
疆地區土地資源與利用之記載甚為有限，但從北魏統治者制定的關於北疆經
濟生產之相關政策便可洞悉相關情況。在北魏北部邊疆逐步形成與擴展中，
道武帝所實行的一項政策，為我們瞭解北魏北部邊疆地區的土地資源與利用，
提供了重要史料。《魏書》卷二《道武帝紀》載「（登國）九年春三月，帝北
巡。使東平公元儀屯田於河北五原，至於椆楊塞外」、「（登國十年）秋七月，
慕容垂遣其子寶來寇五原，造舟收穀」，關於道武帝下令屯田，《魏書》卷一
五《昭成子孫・秦明王翰傳附拓跋儀傳》又載「太祖征衛辰，儀出別道，獲衛
辰尸，傳首行宮。太祖大喜，徙封東平公。命督屯田於河北，自五原至椆陽塞
外，分農稼，大得人心」，根據以上史料，可以看出：首先，至登國九年，北
魏已穩固控制北部邊疆西部，才能組織民眾在五原至椆陽一帶進行大規模農
業生產；其次，「分農稼，大得人心」，表明五原至椆陽一帶具備農業生產的
條件，漢族與北族民眾樂於在當地進行生產且獲得豐收；第三，後燕慕容寶
趁北魏東部防守之疏忽，才率兵西進至五原，而由慕容寶在五原地區劫掠穀
物，表明北魏在五原至椆陽一帶進行的農業生產大獲豐收。以上反映出北魏
北部邊疆西部的土地資源是非常肥沃的，進而可見，之後的北魏平城統治者

在北部邊疆地區修築長城、設置軍鎮以將防線逐步向北推進，除軍事防禦目的之外，還有保障與充分利用北部邊疆地區土地資源的考量。

《魏書》卷三八《刁雍傳》載太平真君七年（446）薄骨律鎮將刁雍就北疆西部軍鎮後勤補給問題上書太武帝：

> 奉詔高平、安定、統萬及臣所守四鎮，出車五千乘，運屯穀五十萬斛付沃野鎮，以供軍糧。臣鎮去沃野八百里，道多深沙，輕車來往，猶以為難，設令載穀，不過二十石，每涉深沙，必致滯陷。又穀在河西，轉至沃野，越度大河，計車五千乘，運十萬斛，百餘日乃得一返，大廢生民耕墾之業。車牛艱阻，難可全至，一歲不過二運，五十萬斛乃經三年。臣前被詔，有可以便國利民者動靜以聞。臣聞鄭、白之渠，遠引淮海之粟，溯流數千，周年乃得一至，猶稱國有儲糧，民用安樂。今求於牽屯山河水之次，造船二百艘，二船為一舫，一船勝穀二千斛，一舫十人，計須千人。臣鎮內之兵，率皆習水。一運二十萬斛。方舟順流，五日而至，自沃野牽上，十日還到，合六十日得一返。從三月至九月三返，運送六十萬斛，計用人功，輕於車運十倍有餘，不費牛力，又不廢田。

> 詔曰：「知欲造船運穀，一冬即成，大省民力，既不費牛，又不廢田，甚善。非但一運，自可永以為式。今別下統萬鎮出兵以供運穀，卿鎮可出百兵為船工，豈可專廢千人？雖遣船匠，猶須卿指授，未可專任也。諸有益國利民如此者，續復以聞。」

上述史料反映出，雖然北疆西部軍鎮存在土地沙化問題，但由刁雍利用北疆西部軍鎮水系漕運軍糧可見，北疆軍鎮西部土地沙化尚未達到嚴重程度，當地可利用的肥沃土地還是較多的。

《魏書》卷四一《源賀傳附源懷傳》載源懷就北疆軍鎮經營相關問題向宣武帝上書：

> 懷又表曰：「景明以來，北蕃連年災旱，高原陸野，不任營殖，唯有水田，少可菑畝。然主將參僚，專擅腴美，瘠土荒疇給百姓，因此困弊，日月滋甚。諸鎮水田，請依地令分給細民，先貧後富，若分付不平，令一人怨訟者，鎮將已下連署之官，各奪一時之祿，四人已上奪祿一周……詔曰：「省表具恤民之懷，已敕有司一依所

上，下為永準。如斯之比，不便於民，損化害政者，其備列以聞。」
時細民為豪強陵壓，積年枉滯，一朝見申者，日有百數。所上事宜
便於北邊者，凡四十餘條，皆見嘉納。

以上史料鮮明反映出宣武帝景明年間因「北蕃連年災旱」導致「高原陸
野，不任營殖」，但在宣武帝以前，氣候正常條件下，北疆地區的農業生產一
直處於繁盛狀態。如北魏懷朔鎮遺址出土北魏時期鐵犁鏵等耕地用具以及石
磨盤等糧食加工工具，更進一步揭示出北疆軍鎮大部分地區土地仍是較肥沃
的，透露出北疆良好的土地資源以及當地農業生產的發展是保障北疆軍鎮後
勤給養的首要方式。

總而言之，對於出身游牧民族的拓跋氏統治者而言，其入主中原北方後，
不僅在典章制度與文化方面逐漸表現出漢化氣息，在軍事與經濟上亦逐漸受
中原方式影響。以軍事而言，拓跋氏統治集團遵循「因地形，用制險塞」的原
則，在北部邊疆地區實行修築長城與軍鎮、派兵駐守等政策來守衛邊疆；以
經濟而論，拓跋氏統治者不僅以農業做為國家經濟的支柱，亦在邊疆地區大
力發展農業生產，做為穩定邊疆的重要基礎。而北魏統治者在北部邊疆地區
修築長城、設置軍鎮，不僅為將漠北勁敵柔然抵禦於域外，也有保障中原內
地農耕區、邊疆地帶農耕區安全與有序生產的目的。

3. 北魏北部邊疆軍鎮防線以外的軍事形勢

《魏書》卷一〇三《蠕蠕傳》所載道武帝時期北魏北部邊疆形成後所面
臨北方之形勢，郁久閭社崙建立柔然汗國、為柔然首任可汗後，「（柔然）隨
水草畜牧，其西則焉耆之地，東則朝鮮之地，北則渡沙漠，窮瀚海，南則臨大
磧。其常所會庭則敦煌、張掖之北。小國皆苦其寇抄，羈縻附之，於是自號丘
豆伐可汗…今社崙學中國，立法置戰陳，卒成邊害」揭示出：一方面，北魏與
柔然主要在陰山以北、漠南一代展開對峙，此種形勢決定北魏必然要以陰山
一線有利的自然地理環境為依託來經營北疆；另一方面，北魏在北方所面臨
的邊患，主要來自於柔然。需要注意的是，道武帝把主要精力放在「克剪方
難，遂啟中原」[註7]即將軍事主力用於向南部中原開拓，未在北部邊疆進行
大規模經略；同時北魏還要提防中原北方存在的政權，造成實力相對有限的
北魏軍事力量的分散，以上因素使得漠北柔然對北魏北部邊疆形成嚴重威脅。

〔註 7〕魏收：《魏書》卷二《道武帝紀》，北京：中華書局，1974 年，第 45 頁。

北魏明元帝時期，柔然可汗郁久閭社崙故去後，柔然部落內部先是由於上層內爭導致柔然南下侵襲北魏北疆次數減少，北魏北疆嚴峻形勢暫得緩解；郁久閭大檀為柔然可汗後，重新整合內部力量，柔然實力又逐步上升。北魏明元帝統治集團一方面鑒於北疆形勢的暫時緩解以及邊患威脅的再次出現，另一方面注意到當時北魏在北方地區開疆拓土中取得一定成果，疆域範圍有所擴大，實力有所增強，因此在泰常年間後期開始在北疆地帶修築長城。但當時北魏所築之長城主要在陰山南部一線，反映出當時北魏在北疆防禦中尚未完全擺脫被動之勢。

太武帝前期即始光至神麚年間，北魏對柔然發動數次大規模軍事進攻，瓦解了郁久閭大檀統治集團，使柔然「國落四散」，削弱了柔然實力；延和至太平真君中期，太武帝又多次發動大規模北征，將柔然郁久閭吳提勢力進一步驅逐出漠南。在北魏北疆形勢逐步改善的背景下，太武帝下令在陰山北部設置六鎮防線，首次將北魏北疆防線推進至陰山以北，進而使北魏在北疆防禦中逐步擺脫了被動態勢。在北魏太武帝多次大規模軍事進攻態勢的威懾下，「蠕蠕亦怖威北竄，不敢復南」〔註8〕，反映出北魏完全實現了控制北疆態勢的戰略目的。此後柔然雖有南下侵擾之舉，但其對北魏北疆的威脅程度已大為減輕。

在北疆形勢逐步緩解的背景下，太武帝之後的北魏統治者，積極在北疆地帶增置軍鎮、修築六鎮長城南線與六鎮長城北線、設置軍鎮都督區，逐步加強北疆防禦體系。

除柔然之外，高車是北魏所面臨的又一北方勁敵。史籍記載高車亦多次南下侵襲北魏北疆，對北魏北疆造成一定威脅。北魏統治集團亦將高車與柔然相提並論，足見高車對北魏之壓力。《魏書》卷六九《袁翻傳》載涼州刺史袁翻就如何處理柔然、高車問題上書孝明帝：

謬以非才，忝荷邊任。猥垂訪逮，安置蠕蠕主阿那瓌、婆羅門等處所遠近利害之宜……至于皇代勃興，威馭四海，爰在北京，仍梗疆場。自卜惟洛食，定鼎伊瀍，高車、蠕蠕迭相吞噬。始則蠕蠕衰微，高車強盛，蠕蠕則自救靡暇，高車則僻遠西北。及蠕蠕復振，反破高車，主喪民離，不絕如綖。而高車今能終雪其恥，復摧蠕蠕者，正由種類繁多，不可頓滅故也。然鬮此兩敵，即卞莊之算，得使境上無塵數十年中者，抑此之由也。

〔註8〕魏收：《魏書》卷一〇三《蠕蠕傳》，北京：中華書局，1974年，第2295頁。

今蠕蠕為高車所討滅……且蠕蠕尚存，則高車猶有內顧之憂，未暇窺窬
上國。若蠕蠕全滅，則高車跋扈之計，豈易可知。今蠕蠕雖主奔於上，民散於
下，而餘黨實繁，部落猶眾，處處碁布，以望今主耳。高車亦未能一時并兼，
盡令率附。

高車士馬雖眾，主甚愚弱，上不制下，下不奉上，唯以掠盜為資，陵奪
為業。河西捍禦強敵，唯涼州、敦煌而已。涼州土廣民希，糧仗素闕，敦煌、
酒泉空虛尤甚，若蠕蠕無復豎立，令高車獨擅北垂，則西顧之憂，匪旦伊夕。
愚謂蠕蠕二主，皆宜存之，居阿那瓌於東偏，處婆羅門於西裔，分其降民，各
有攸屬……凡諸州鎮應徙之兵，隨宜割配，且田且戍。雖外為置蠕蠕之舉，
內實防高車之策。一二年後，足食足兵，斯固安邊保塞之長計也。若婆羅門
能自克厲，使餘燼歸心，收離聚散，復興其國者，乃漸令北轉，徙渡流沙，即
是我之外蕃，高車勁敵。西北之虞，可無過慮。

時朝議是之。

以上史料揭示出：北魏統治集團為緩解北部邊疆形勢，實行讓柔然與高
車互相牽制即以夷制夷之策，使漠北處於非統一狀態。如果漠北為柔然或者
高車獨佔，獨佔漠北者必然舉漠北之力來對抗北魏。此種情形若出現，北魏
在北部邊疆所進行的諸經略政策是否還能收到積極效果，此種問題或許不能
得到肯定或者否定之回答。

三、北魏北部邊疆軍鎮的軍事地理環境與規劃布局——以六鎮為中心的探究

1. 沃野鎮——懷朔右臂、北依山險

《五原廳志·輿地志·形勝》載「五原廳為晉北屏藩，地居高原，沃野千
里，賀蘭、陰山，層巒疊嶂，環繞於東西北三面。黃河自西而東，淼洋澎湃，
襟帶於其間……實為西北雄鎮，邊陲衝要」〔註9〕。《臨河縣志》卷上《紀略·
山川險要》載「秦據陽山而匈奴遁，漢取河南而單于降。失險者亡，得險者
昌。臨河，黃河弦貫，陰山弧張。南襟秦晉，北控蒙疆，東障包綏，西通甘
涼」〔註10〕。而地處臨河、五原東部的沃野鎮所佔之形勝與臨河、五原大體

〔註9〕 佚名：《五原廳志》，抄本（影印本）//《中國方志叢書·塞北地方·綏遠省》
　　　　（影印本），臺北：成文出版社，1968年，第4～5頁。
〔註10〕（民國）王文墀撰：《臨河縣志》，民國二十年鉛印本（影印本）//《中國方志
　　　　叢書·塞北地方·綏遠省》，臺北：成文出版社，1968年，第103頁。

相似，亦可謂六鎮防線西部衝要之地。

（1）沃野鎮地理環境

內蒙古自治區文物考古研究所經過對巴彥淖爾盟東部實地調查，認為北魏時期沃野鎮城址有三處，「沃野鎮始置於漢沃野縣故城，即今內蒙古臨河區西南。太和十年，遷至漢朔方故城，今杭錦旗東北的什拉召地區」，後又遷至烏拉特前旗大佘太鎮地區，今蘇獨侖鄉根子場城址為「北魏沃野鎮故城」，該城址位於烏蘭特前旗大佘太鎮根子場村西南 0.5 公里〔註11〕。由此可見，北魏沃野鎮城的兩次遷徙。體現出鎮城逐步向懷朔鎮靠近的特徵。

沃野鎮第三次遷徙後的城址「地處黃河衝擊平原，北依狼山，南臨烏梁素海」，仍佔據地利之勢。「（狼山山脈）東西長 270 公里，南北寬 30～60 公里，一般山峰海拔 1500～2000 米，比高 200～600 米，主峰大狼山海拔 1854 米，山勢西高東低……北坡平緩與內蒙古北部高原相接；南坡陡峭，懸崖絕壁較多」〔註12〕、「自安北縣小佘太之附近起，沿高原而西亙，至於五原臨河，嶄岩峭壁，俯臨平原，一若天設屏障，以為蒙漢之界限者。但入山北行百餘里，即見山勢漸平無附崇山峻嶺，蓋狼山與蒙古高原本為一連亙不絕之高原，自高原南向視之，初無所謂山脈，惟自地層拆斷，一部陷為平原，始有今日峻峭之形勢耳」〔註13〕。在狼山拱衛之下，沃野鎮不僅做為防守要地，亦做為六鎮通向西部軍鎮的咽喉。

據《魏書》卷七下《孝文帝紀下》所載「（太和十二年）五月丁酉，詔六鎮、雲中、河西及關內六郡，各修水田，通渠溉灌」與《魏書》卷四一《源賀傳附源懷傳》所載「（宣武帝景明年間）懷又表曰：「景明以來，北蕃連年災旱，高原陸野，不任營殖，唯有水田，少可葡蔽。然主將參僚，專擅腴美，瘠土荒疇給百姓，因此困弊，日月滋甚。諸鎮水田，請依地令分給細民，先貧後富，若分付不平，令一人怨訟者，鎮將已下連署之官，各奪一時之祿，四人已上奪祿一周。北鎮邊蕃，事異諸夏，往日置官，全不差別。沃野一鎮，自將已下八百餘人，黎庶怨嗟，僉曰煩猥。邊隅事尠，實少畿服，請主帥吏佐五分減

〔註11〕內蒙古自治區文物考古研究所：《內蒙古文化遺產叢書・巴彥淖爾文化遺產・魏晉北朝時期》，北京：文物出版社，2014 年，第 216～217 頁。

〔註12〕陳健安，主編：《軍事地理學》第四章《我國邊疆歷史軍事地理及邊防要地》，北京：解放軍出版社，1988 年，第 192～193 頁。

〔註13〕孫健初：《綏遠及察哈爾西南部地質志》第二章《地文・山脈》，北平：實業部地質調查所、國立北平研究院地質學研究所，1934 年，第 4 頁。

二。」表明六鎮地區水源條件優越、土壤肥沃，農牧兼宜。

（2）軍事地理格局

沃野鎮西南有薄骨律鎮、東臨懷朔鎮，北面依山、南面靠海，地處黃河衝擊平原，是北魏六鎮西部的重要防區，亦做為連接六鎮西部與西部內陸軍鎮的重要節點。沃野鎮所在地，平原地貌為主要特徵，地勢平坦開闊，東西交通較發達；但由於沃野鎮城地處狼山之南，尚不完全具備懷朔鎮依託陰山天險直指漠北的絕對地利優勢，所以，當漠北柔然南下懷朔受阻或者欲避開六鎮防線防守中的堅固區域時，往往會將沃野鎮視為南下的突破點。如《魏書》卷四一《源賀傳附源懷傳》所載「正始元年九月，有告蠕蠕率十二萬騎六道並進，欲直趨沃野、懷朔，南寇恒代」，便反映出柔然此次大規模南下並以懷朔與沃野為首要目標，一方面，考慮到懷朔鎮所佔據的「天時」、「地利」與「人和」之優勢，如果能攻佔懷朔、進佔陰山天險，那麼自己南下中原將如入無人之境。另一方面，如果不能攻佔懷朔，可分兵牽制懷朔守軍，另從懷朔西部的沃野鎮尋找突破口；若攻佔沃野鎮，東可入侵懷朔鎮，南下可威脅薄骨律鎮。可見，柔然南下中原時，沃野鎮成為六鎮防線中主要的受敵點，進而沃野鎮的堅守與否，對六鎮防線西部、乃至整個六鎮防線的穩定都非常重要。

（3）沃野鎮軍事佈防的特點

根據對有關沃野鎮史料的探究，結合沃野鎮鎮城的幾次遷徙，可看出沃野鎮軍事佈防有以下特點：

首先，北魏統治者兩次遷徙沃野鎮鎮城，目的在於縮短其與懷朔鎮之間過大的距離，便於其與懷朔互相呼應。根據考古調查成果，沃野鎮的第一個城址位於今內蒙古巴彥淖爾臨河區西南，第二個城址位於今巴彥淖爾杭錦旗東北的什拉召地區，第三個城址位於今巴彥淖爾烏拉特前旗大佘太鎮地區〔註14〕。沃野鎮城的三次遷徙，體現出鎮城逐步靠近沃野鎮轄區的特徵。而學界所云由懷朔鎮城「沿陰山北麓西去 75 公里即可達到北魏沃野鎮故城」〔註15〕所指即為位於巴彥淖爾烏拉特前旗大佘太鎮的沃野鎮城。

〔註14〕內蒙古自治區文物考古研究所：《內蒙古文化遺產叢書·巴彥淖爾文化遺產·魏晉北朝時期》，北京：文物出版社，2014 年，第 216～217 頁。

〔註15〕內蒙古自治區文物考古研究所：《內蒙古文化遺產叢書·包頭文化遺產·魏晉北朝隋唐時期》，北京：文物出版社，2014 年，第 138 頁。

　　北魏統治者遷徙沃野鎮城，是在北魏與柔然對峙、北魏北疆軍鎮防線疏漏點逐漸暴露的背景下進行的。《魏書》卷五四《高閭傳》載太和前期高閭上書孝文帝，直指六鎮防線之缺失「六鎮勢分，倍眾不鬭，互相圍逼，難以制之」。高閭所言六鎮防線的防守漏洞，主要存在於兩個方面：首先，六鎮各鎮城之間距離遠近不一，個別軍鎮之間距離過於遙遠，不利於軍鎮之間的協同配合；其次，軍鎮與軍鎮之間的過長距離，導致六鎮存在防禦的空虛。根據《魏書》相關記載、考古發掘情況，針對六鎮存在的防禦空虛問題，孝文帝採納高閭建議，一方面，下令在北疆修築六鎮長城北線，將北疆第一道防線進一步向北推進，擴大六鎮防線的緩衝空間；另一方面，遷徙沃野鎮城，使沃野鎮與懷朔鎮形成相互策應與支持之勢。孝文帝下令遷徙之沃野鎮即考古學界所探明的位於今內蒙古巴彥淖爾杭錦旗東北什拉召地區的古城遺址〔註16〕。

　　正始元年（504），柔然十二萬鐵騎南下，以懷朔鎮與沃野鎮為首要進攻目標。此次危機過後，宣武帝派遣官員巡視北疆防守，《魏書》卷四一《源賀傳附源懷傳》載「懷旋至恒代，案視諸鎮左右要害之地，可以築城置戍之處。皆量其高下，揣其厚薄，及儲糧積仗之宜，犬牙相救之勢，凡表五十八條。表曰：『……去歲復鎮陰山，庶事蕩盡，遣尚書郎中韓貞、宋世量等檢行要險，防遏形便。謂準舊鎮東西相望，令形勢相接，築城置戍，分兵要害，勸農積粟，警急之日，隨便剪討。如此則威形增廣，兵勢亦盛……如此北方無憂矣。』世宗從之。今北鎮諸戍東西九城是也」，根據以上史料可以看出：宣武帝採納源懷之議後調整北疆軍鎮佈防，六鎮防線的戍堡密度有所增加，有利於消除六鎮防守中的薄弱地帶。而沃野鎮鎮城的再次遷徙，應是宣武帝正始年間贈築六鎮戍堡過程中完成的。

　　其次，協同防守，增強自身防禦力量。由於沃野鎮位於六鎮防線最西端，其固守與否事關六鎮防線西部以及河西軍鎮的穩定。所以，自孝文帝時期，沃野鎮形成了與附近軍鎮協同防禦的局面。如《魏書》卷一九上《景穆十二王上‧陽平王新成傳附拓跋安壽傳》所載孝文帝後期，拓跋安壽「累遷懷朔鎮大將，都督三道諸軍事，北討」便是懷朔鎮統領沃野鎮與武川鎮，抵禦柔然南下。《魏書》卷四四《於文福傳》所載「（熙平年間）都督懷朔、沃野、武

〔註16〕內蒙古自治區文物考古研究所：《內蒙古文化遺產叢書‧巴彥淖爾文化遺產‧魏晉北朝時期》，北京：文物出版社，2014年，第216～217頁。

川三鎮諸軍事，征北將軍，懷朔鎮將」反映的是孝明帝時期，懷朔鎮統領沃野鎮與武川鎮，協同防守六鎮西部。沃野鎮有時亦統領河西東部軍鎮，如《魏書》卷五〇《慕容白曜傳附慕容契傳》所載「（正始年間）都督沃野、薄骨律二鎮諸軍事，沃野鎮將」反映的是沃野鎮統領薄骨律鎮，協同防守六鎮西部與河西軍鎮東部的情況。沃野鎮與附近軍鎮協同防禦，互相支持，有利於鞏固、增強沃野鎮自身以及六鎮西部與河西東部的防禦力量，彌補沃野鎮地勢方面的部分不足。

2. 懷朔鎮——邊塞要害、控扼要衝

《讀史方輿紀要》卷四四《山西六·朔州》載懷朔所在之朔州「西距洪河，北臨廣漠，壯鴈門之藩衛，為雲中之唇齒，屹然北峙，全晉之距防也」，反映出懷朔鎮亦為北魏北部邊疆之要鎮，其堅守與否，關涉其東部之武川與雲中，乃至平城之安全。

（1）懷朔鎮地理環境

懷朔鎮城遺址地處內蒙古包頭市北部固陽縣城東北35公里的陰山北麓懷朔鎮城圐圙村西南〔註17〕。懷朔鎮城遺址「南依陰山，北倚蒙古高原」〔註18〕。陰山之包頭至集寧段亦稱為大青山，「東西長240公里，南北寬20～60公里，山勢較高，海拔一般為1200～2000米，比高250～800米……山體北坡較緩，南坡陡峻」〔註19〕、「自歸綏東北數十里起，西經薩拉齊以至包頭，地勢突然中斷，自陷落之平原北望高原，自覺懸崖絕壁形勢險峻，但賴巨溝急澗破山而出為北通蒙古之孔道」〔註20〕。史料所云「北通蒙古之孔道」為懷朔鎮所控制由草原經陰山南下中原的交通孔道即今達爾罕茂明安聯合旗磧口，由懷朔鎮北上經達爾罕茂明安聯合旗磧口北出，即可進入漠北柔然腹地。〔註21〕進而可謂，懷朔鎮轄境是六鎮西部軍鎮通向漠北

〔註17〕內蒙古自治區文物考古研究所：《內蒙古文化遺產叢書·包頭文化遺產·魏晉北朝隋唐時期》，北京：文物出版社，2014年，第137頁。

〔註18〕內蒙古自治區文物考古研究所：《內蒙古文化遺產叢書·包頭文化遺產·魏晉北朝隋唐時期》，北京：文物出版社，2014年，第138頁。

〔註19〕陳健安主編：《軍事地理學》第四章《我國邊疆歷史軍事地理及邊防要地》，北京：解放軍出版社，1988年，第193頁。

〔註20〕孫健初：《綏遠及察哈爾西南部地質志》第二章《地文·山脈》，北平：實業部地質調查所、國立北平研究院地質學研究所，1934年，第4頁。

〔註21〕鮑桐：《北魏北疆幾個歷史地理問題的探索》，載《中國歷史地理論叢》，1999年第3期，第72頁。

的咽喉要地。對北魏內部而言，由平城出發，向西北、北方依次途徑雁門、馬邑、雲中、稒陽道（懷朔鎮），可見稒陽道又是連接平城與六鎮西部軍鎮的核心交通線節點。

據北魏酈道元所著《水經注》卷三《河水》載「河水又東流，石門水南注之，水出石門山……西北趣光祿城。甘露三年，呼韓邪單于還，詔遣長樂衛尉高昌侯董忠、車騎都尉韓昌等，將萬六千騎，送單于居幕南，保光祿徐自為所築城也，故城得其名矣。城東北，即懷朔鎮城也」。另據《魏書》卷七下《孝文帝紀下》所載「（太和十二年）五月丁酉，詔六鎮、雲中、河西及關內六郡，各修水田，通渠溉灌」可知，懷朔鎮地區水利資源豐富，土壤肥沃，當地適宜進行大規模農業生產，又可進行畜牧生產。懷朔鎮遺址出土北魏時期鐵犁鏵、石磨盤等農業生產以及農產品加工工具〔註22〕，反映出北魏時期懷朔鎮地區農業生產繁盛的情況。

圖2.1　北魏懷朔鎮遺址出土的石磨上扇〔註23〕

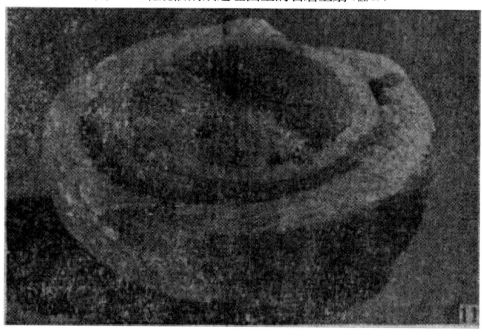

〔註22〕內蒙古文物工作隊、包頭市文物管理所：《內蒙古白靈淖城圐圙北魏古城遺址調查與試掘》，載《考古》，1984 年第 2 期，第 147～149 頁。

〔註23〕轉引自內蒙古文物工作隊、包頭市文物管理所：《內蒙古白靈淖城圐圙北魏古城遺址調查與試掘》，載《考古》，1984 年第 2 期，圖四：11 石磨上扇，第 147 頁。

圖 2.2 北魏懷朔鎮遺址出土的鐵犁鏵〔註24〕

綜上所述，懷朔鎮擁有充沛自然資源，扼守中原通向漠北的核心要道，佔據自然地利之勢，北魏統治者又在當地設置鎮城、戍堡、設置懷朔鎮都督區，進行積極的軍事經營。進而可謂，除去極端自然氣候，懷朔鎮在多數時間裏佔據「天時」、「地利」、「人和」優勢，這是促使懷朔鎮成為六鎮中核心軍鎮的關鍵因素。

（2）軍事地理格局

懷朔鎮南依陰山、北控大漠，扼守連接漠北與中原的交通樞紐「稒陽道」。一旦漠北柔然佔據懷朔重鎮及附近區域，柔然南下中原如入無人之境，進而造成六鎮防線西部、北魏舊都所在代北之地以及關中地區拱手漠北柔然的局面。而漠北柔然清晰懷朔控制權易手對柔然與北魏對峙所形成的決定影響。

〔註24〕轉引自內蒙古文物工作隊、包頭市文物管理所：《內蒙古白靈淖城圈圖北魏古城遺址調查與試掘》，載《考古》，1984 年第 2 期，圖四：1 鐵犁鏵，第 147頁。

因此懷朔鎮成為柔然的重點攻擊對象，亦成為北魏在北疆重點防守與抵禦柔然於北疆之外的重要藩屏。

懷朔鎮成為漠北柔然南下中原的重要攻擊點。如《魏書》卷三二《高湖傳附高樹生傳》載：

> 蠕蠕侵掠，高祖詔懷朔鎮將、陽平王頤率眾討之，頤假樹生鎮
> 遠將軍、都將，先驅有功。

面對柔然南下劫掠，孝文帝令陽平王、懷朔鎮將元頤率軍征討、予以反擊，那麼柔然此次南下進攻的重點區域必然是懷朔鎮。

《魏書》卷四一《源賀傳附源懷傳》載：

> 正始元年九月，有告蠕蠕率十二萬騎六道並進，欲直趨沃野、
> 懷朔，南寇恒代。

以上記載反映出：柔然欲南下、進至北魏舊都平城及附近地區，必須突破北魏北疆重鎮懷朔鎮。所以懷朔鎮成為北魏北疆軍鎮防線的首要受敵區，懷朔鎮所面對的來自於柔然威脅遠較其他軍鎮為大。所以，加強懷朔鎮的佈防，有利於以陰山為依託、大體呈直線分布的六鎮防線的鞏固，亦為控扼中原與漠北交通樞紐的必要措施。

（3）懷朔鎮軍事佈防的特點

首先，據險扼守、控扼交通。懷朔鎮城南依陰山、北面蒙古高原，控扼當時塞北交通樞紐「稒陽道」。可見懷朔鎮城之地利位置，充分體現出「因地形，用制險塞」即中國古代軍事地形思想在軍事防守中的應用。

其次，協同防禦，統領周邊軍鎮。懷朔鎮城「東行 60 公里是北魏的武川鎮故城，沿陰山北麓西去 75 公里即可達北魏沃野鎮故城」〔註25〕，可見懷朔鎮城與沃野鎮城、武川鎮城之距離適中；另據《魏書》相關記載，懷朔鎮與沃野鎮、武川鎮的交通線是暢通的，便於懷朔鎮、武川鎮、沃野鎮的互通消息。

懷朔鎮古城「東牆長 934 米」、「南牆長 1416 米」、「西牆長 1167 米」、「北牆長 1150 米」〔註26〕，該城址規模是目前已探明六鎮城址規模最大者。

〔註25〕內蒙古自治區文物考古研究所：《內蒙古文化遺產叢書・包頭文化遺產・魏晉北朝隋唐時期》，北京：文物出版社，2014 年，第 138 頁。

〔註26〕內蒙古自治區文物考古研究所：《內蒙古文化遺產叢書・包頭文化遺產・魏晉北朝隋唐時期》，北京：文物出版社，2014 年，第 141 頁。

《魏書》卷九《孝明帝紀》載「（正光元年）十有二月壬子，詔曰：「蠕蠕王
阿那瓌，遭離寇禍，遠來投庇，邦分眾析，猶無定主，而永懷北風，思還綏
集。啟訴情切，良用憨然……敕懷朔都督，簡銳騎二千，躬自率護，送達境
首，令觀機招納……」」亦鮮明反映出懷朔鎮駐防重兵。如前所述，懷朔鎮
是漠北柔然南下進程中的首要進攻目標，若完全讓懷朔鎮在抵禦柔然南侵
中獨當一面，則懷朔鎮力量尚顯不足。尤其北魏孝文帝遷都洛陽後，洛陽統
治集團對北疆軍鎮的控制與指揮調度效率必然由於洛陽與北疆防線距離的
增大而降低。所以，洛陽統治者賦予懷朔鎮將統領沃野鎮與武川鎮軍事事
務之權力，使懷朔鎮、武川鎮與沃野鎮聯合併互相策應與支持，進而使懷朔
鎮更好地發揮核心軍鎮的作用，以達到鞏固與增強六鎮西部地區防禦力量
的目的。

3. 武川鎮──舊都屏障、懷朔左臂

《讀史方輿紀要》卷四四《山西六・大同府》載「府東連上谷，南達并、
恒，西界黃河，北控沙漠，居邊隅之要害，為京師之藩屏」，「晉永嘉中拓跋猗
盧與并州牧劉琨求陘北地，得之，日益強盛。後遂建都於此，蠶食鄰方，并有
中夏。及六鎮之亂，魏以覆亡。說者謂棄代北而遷河南，非魏之利」，「武川
城，在（大同）府北界外」。武川鎮，便位於《讀史方輿紀要》所載大同府之
北界，為中原控御漠北之要地。《歸綏縣志・輿地志・形勝》載「陰山為屏，
黑河為帶，東控北平，西連甘肅，南為山西之門戶，北扼蒙古之咽喉」[註27]，
足見武川所在地歸綏為連接中原北方、河西與蒙古的交通衝要之地。

（1）武川鎮地理環境

武川鎮位於今內蒙古呼和浩特北部武川縣地區，地處山勢相對平緩的陰
山北麓。包頭至集寧之間的陰山亦被稱為大青山，大青山「山勢較高，海拔
一般為1200～2000米，比高250～800米。大青山主峰海拔2327米，山體北
坡較緩，南坡陡峻」[註28]；「自祈下營子而西綿亙於包頭，峰巒迭出，山勢
險阻。實則一如狼山，其與蒙古高原為一連綿不斷之高原。惟自歸綏東北數

〔註27〕（民國）鄭裕孚纂，鄭植昌修：《歸綏縣志》，民國二十四年鉛印本影印//《中
　　　　國方志叢書・塞北地方・綏遠省》（影印本），臺北：成文出版社，1978年，
　　　　第79頁。
〔註28〕孫健初：《綏遠及察哈爾西南部地質志》第二章《地文・山脈》，北平：實業
　　　　部地質調查所、國立北平研究院地質學研究所，1934年，第4頁。

十里起，西經薩拉齊以至包頭，地勢突然中斷，自陷落之平原北望高原，自覺懸崖絕壁形勢險峻，但賴巨溝急澗破山而出為北通蒙古之孔道」〔註29〕。

據北魏酈道元所著《水經注》卷三《河水注》載武川鎮境內「芒干水又西南，逕雲中城北，白道中溪水注之，水發源武川北塞中，其水南流，逕武川鎮城，城以景明中築，以禦北狄」，可見當時武川鎮地區水利資源較豐富，土壤肥沃，適宜於當地軍事駐防、以及生產、生活的展開。

武川鎮亦做為「平城—善無—雲中—白道—武川」這一連接北魏首都平城與北疆軍鎮重要交通孔道的最北端起點。由武川鎮北上，便可進入漠北柔然之地。由此可見，武川鎮成為連接北魏首都平城與漠北草原交通線上的又一交通要衝。

綜上可見，武川鎮南有山險做為防守中的重要依託、北望蒙古高原、擁有充沛水利資源、扼守中原與漠北的交通要道，亦可謂佔據地利之優勢。

（2）軍事地理格局

《魏書》卷一〇三《蠕蠕傳》載郁久閭社崙建立柔然汗國後，柔然「西則焉耆之地，東則朝鮮之地，北則渡沙漠，窮瀚海，南則臨大磧……今社崙學中國，立法置戰陳，卒成邊害」，鮮明反映出柔然為北魏在北疆所面對的最強大勁敵。一方面，北魏道武帝至太武帝即位初期，北魏尚未在北疆地帶構築完善的軍事防禦體系；另一方面，北魏舊都盛樂地近北疆，極容易成為柔然的首要進攻目標，在上述因素影響下，北魏北部邊疆的今呼和浩特區域多次直面柔然主力南下的壓力。

根據史籍所記載北魏道武帝至太武帝初期的北魏北征路線與柔然南進路線，可以看出今內蒙古呼和浩特地區為當時首要受柔然威脅之區域。

《魏書》卷三〇《安同傳附安原傳》載：

> （明元）知原驍勇，遂任以為將，鎮守雲中。寬和愛下，甚得眾心。蠕蠕屢犯塞，原輒摧破之。

《魏書》卷三五《崔浩傳》載：

> 蠕蠕必提挈而來，雲中、平城則有危殆之慮。

《魏書》卷八七《節義·段進傳》載：

> 世祖初，為白道守將。蠕蠕大檀入塞，圍之，力屈被執。進抗

〔註29〕孫健初：《綏遠及察哈爾西南部地質志》第二章《地文·山脈》，北平：實業部地質調查所、國立北平研究院地質學研究所，1934年，第4頁。

聲大罵，遂為賊殺。

《魏書》卷三〇《閭大肥傳》載：

> 世祖初，復與奚斤出雲中白道討大檀，破之。

根據以上史料可知：首先，柔然南下侵擾雲中、進而危及平城，必然要經過今呼和浩特北部武川縣境即後來北魏太武帝所置武川鎮所在地；其次，北魏從雲中、白道北上出擊柔然，亦必然要經過白道北部區域即今呼和浩特北部武川縣境。所以，在白道北部設置軍鎮以加強防禦力量，成為擁有欲完善北疆防禦體系、將柔然驅離於漠南意圖的北魏太武帝首要考慮的事情。最終在神䴥年間，太武帝於陰山一線地勢險要、交通衝要之地設置六鎮。其中，太武帝在白道以北的今呼和浩特北部武川縣境設置武川鎮。

（3）武川鎮軍事佈防的特點

首先，武川鎮集防禦軍事要地與交通要地目的於一身。一方面，武川鎮緊鄰北魏舊都盛樂；另一方面，武川鎮地處陰山北部地勢險要之地，且做為連接北魏新都平城與北疆前線的「平城—善無—雲中—白道—武川」這一交通要道的北端起點以及北魏與漠北交通線的重要中轉節點。所以，對武川之地是否給予有效控制，對於北魏而言，事關北魏北部邊塞武川鎮區域乃至舊都的安全以及北魏北征柔然進程；對於北魏勁敵柔然而論，事關柔然能否通過武川轄境以及北魏北疆防線，順利南下中原。所以，武川鎮轄境時常會成為柔然所覬覦的目標。進而可見，武川鎮形勢的穩定與否，最終關涉北魏北疆軍事要地與交通樞紐的安全。

其次，武川鎮轄境及南部周邊地區具有縱深設防的特點。武川鎮城做為北魏武川鎮轄境的指揮中樞與防禦前沿，北魏自然會在當地駐防重兵。但北魏統治者為避免柔然南下盛樂、雲中進而危及平城局面的出現，會在武川鎮城以南的地勢險要之處設置鎮戍，使武川鎮及南部周邊地區形成南北縱深協同防守的防禦體系。

《水經注》卷三《河水注》所載「（芒干水）西南逕白道南谷口，有城在右，縈帶長城，背山面澤，謂之白道城。自城北出有高阪，謂之白道嶺」中的白道城，在白道嶺以南、雲中鎮以北，是陰山南部雲中、盛樂與陰山北部武川鎮往來的必經之路。根據考古調查，今內蒙古呼和浩特西北攸攸板壩口子

村壩口子古城為北魏白道城〔註30〕，呼和浩特西北攸攸板壩底村附近蜈蚣壩白色道路為白道、白道南北走向的山嶺為白道嶺〔註31〕。壩口子古城「北扼大青山北麓的蜈蚣壩山口，南臨土默川平原，控制著連接陰山南北的要道」，「城址平面呈長方形，南北585米，東西340米」，由此可見，白道城亦扼守交通要衝，但由於其城址規模相對有限，駐防白道城的軍事力量遜於武川鎮與雲中鎮，所以北魏統治者一般會讓白道南部的雲中鎮統領白道軍事事務。如《魏書》卷三〇《來大千傳》所載「（來大千）從（太武帝）討蠕蠕，戰功居多。遷征北大將軍……鎮雲中，兼統白道軍事」。

圖2.3　壩口子古城（白道城）遺址平面圖〔註32〕

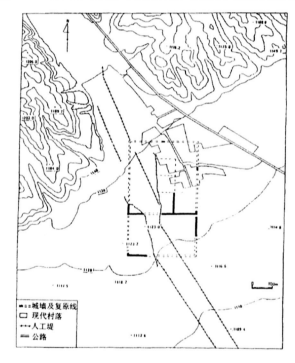

〔註30〕蘇哲：《內蒙古土默特川、大青山的北魏鎮戍遺跡》//北京大學中國傳統文化研究中心：《北京大學百年國學文萃·考古卷》，北京：北京大學出版社，1998年，第642頁。

〔註31〕汪宇平：《從〈水經注〉的論述看呼和浩特市郊北部的山川形勢和文物古蹟》//閻文儒、陳玉龍：《向達先生紀念論文集》，烏魯木齊：新疆人民出版社，1986年，第785～786頁。

〔註32〕轉引自蘇哲：《內蒙古土默特川、大青山的北魏鎮戍遺跡》//北京大學中國傳統文化研究中心：《北京大學百年國學文萃·考古卷》，北京：北京大學出版社，1998年，第645頁，圖二 壩口子古城遺址平面圖。

　　北魏又在武川鎮鎮城與白道城之間設置兩座鎮戍城堡，以與武川鎮與白道城相呼應。根據考古調查，內蒙古呼和浩特攸攸板壩口子村壩口子古城西北約 11 公里的壩頂古城遺址與呼和浩特武川縣大青山鄉烏蘭不浪土城梁村西北約 1 公里的土城梁古城〔註33〕為北魏在武川鎮與白道城之間所置鎮戍城堡之遺址。

圖 2.4　大青山、土默川主要古城址分布圖〔註34〕

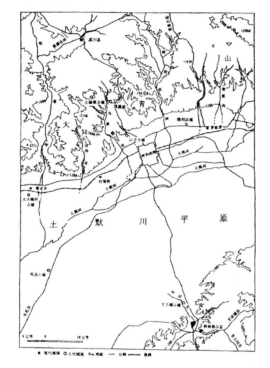

　　根據以上探究可見，北魏武川鎮防禦體系呈現出北有武川鎮鎮城、南有壩頂城與土城梁城兩座鎮戍城堡的南北縱深防禦體系格局。如果將白道城、雲中鎮考慮在內，呼和浩特地區在北魏時期形成了最北部有武川鎮，向南依次有壩頂城與土城梁城、白道城，最南端有雲中鎮這一南北大縱深的五道防線格局。

〔註33〕蘇哲：《內蒙古土默特川、大青山的北魏鎮戍遺跡》//北京大學中國傳統文化研究中心：《北京大學百年國學文萃·考古卷》，北京：北京大學出版社，1998年，第 642 頁。

〔註34〕轉引自蘇哲：《內蒙古土默特川、大青山的北魏鎮戍遺跡》//北京大學中國傳統文化研究中心：《北京大學百年國學文萃·考古卷》，北京：北京大學出版社，1998 年，第 644 頁，圖一　大青山、土默川主要古城址分布圖。

—189—

（4）「因地形，用制險塞」──武川鎮地區城址選址原則

由於武川鎮南依陰山北麓，所以，武川鎮鎮城及附屬鎮戍城址在選址上，充分反映出北魏統治集團在武川鎮地區進行軍事佈防時所遵循的「因地形，用制險塞」即對地勢優勢的利用。

《讀史方輿紀要》卷四四《山西六·大同府》所載「（大同府）北控沙漠，居邊隅之要害」雖然反映的是清代大同府北部疆域之形勢，但亦大體表明武川鎮轄境所擁有的自然地勢優勢。武川鎮位於陰山之大青山北麓，大青山「北坡較緩，南坡陡峻」〔註35〕、「峰巒迭出，山勢險阻」〔註36〕，而武川鎮鎮城南依大青山，對漠北南下的柔然騎兵可形成有效的遲滯；武川鎮除佔據地利優勢，還控扼由漠北進入中原的重要交通線。

做為策應武川鎮城與白道城的壩口子鎮戍城堡所在地呼和浩特北部攸攸板鄉壩口村，「海拔高度約 1115～1135 米，地勢由北向南傾斜。古城北扼大青山北麓的山口，南臨土默川平原，控制著連接陰山南北的要道」〔註37〕。由此可見壩口子鎮戍所擔負職責為守衛山險之地與交通要道。

做為策應武川鎮城與白道城的另一鎮戍城土城梁古城遺址位於呼和浩特北部武川縣西北「大青山烏蘭不浪土城梁村西北約 1 公里」、「古城修築於海拔 1800 餘米的大青山北麓一處較為寬闊平坦的山梁上」〔註38〕。由此可見土城梁鎮戍亦南依山險、北控漠南。

綜上所言，武川鎮轄區規模不一的軍事城池，在選址原則上卻高度一致，以山險為核心依託，控扼交通要道或地勢平緩之地。

4. 撫冥鎮──東臨柔玄、南依山險

（1）撫冥鎮地理環境

撫冥鎮位於今內蒙古烏蘭察布四子王旗烏蘭花鎮境內，在陰山北部的內

〔註35〕孫健初：《綏遠及察哈爾西南部地質志》第二章《地文·山脈》，北平：實業部地質調查所、國立北平研究院地質學研究所，1934 年，第 4 頁。

〔註36〕孫健初：《綏遠及察哈爾西南部地質志》第二章《地文·山脈》，北平：實業部地質調查所、國立北平研究院地質學研究所，1934 年，第 4 頁。

〔註37〕蘇哲：《內蒙古土默特川、大青山的北魏鎮戍遺跡》//北京大學中國傳統文化研究中心：《北京大學百年國學文萃·考古卷》，北京：北京大學出版社，1998 年，第 635 頁。

〔註38〕蘇哲：《內蒙古土默特川、大青山的北魏鎮戍遺跡》//北京大學中國傳統文化研究中心：《北京大學百年國學文萃·考古卷》，北京：北京大學出版社，1998 年，第 636 頁。

蒙古高原丘陵地帶，南、北、西三個方向為丘陵山梁所環繞，南鄰一條由東
南至西北的季節性合流〔註39〕，可見山川為撫冥鎮鎮城及周邊的核心地利要
素。撫冥鎮所在的烏蘭察布高原，「地勢南高北低，從海拔 1500 米降至 900
米，多低山丘陵。高原南部是陰山北麓丘陵；丘陵以北是地勢平緩的凹陷地
帶……凹陷帶以北，又有一條橫貫東西的石質緩丘隆起帶」〔註40〕。由此可
以看出，撫冥鎮三面環山、一面臨水，佔據地利優勢之地，進而成為一防守
要地。

（2）軍事地理格局

漢北柔然若從六鎮防線東部進攻，則撫冥鎮亦為重要受攻擊點。因為柔
然若攻佔撫冥鎮，一方面，將為其南下中原打開缺口；另一方面，可對西面
的由懷朔鎮所連接的中原與漠北之間的重要交通孔道達爾罕茂明安聯合旗磧
口、東面的由柔玄鎮所連接的中原與漠北之間的重要交通孔道二連浩特磧口
〔註41〕形成嚴重威脅，甚至控制上述兩條交通線。所以，撫冥鎮亦時常受到
柔然鐵騎的威脅。如《魏書》卷一九下《景穆十二王下·安定王休傳》載「（孝
文帝時期）蠕蠕犯塞，出為使持節、征北大將軍、撫冥鎮大將。休身先將士，
擊虜退之」，反映出北魏統治者對柔玄鎮將的選擇與柔玄鎮駐防是非常重視
的。

（3）撫冥鎮軍事佈防的特點

首先，擴大鎮城規模，加強撫冥鎮中樞即撫冥鎮鎮城的防守力量。撫冥
鎮雖然佔據地利之勢，但與六鎮的其他軍鎮尤其是懷朔鎮、柔玄鎮相比，撫
冥鎮所擁有地利之險要程度略為遜色。所以，為消除地利上的不利條件與加
強軍鎮中樞的防禦力量，北魏統治者有意擴大撫冥鎮城的規模。根據考古發
掘情況，撫冥鎮城「城址由主城和套城組成」、「主城大致呈正方形，東西長
約912、南北長約921 米」〔註42〕。

〔註39〕內蒙古自治區文物考古研究所：《內蒙古文化遺產叢書·烏蘭察布文化遺產·
　　　魏晉北朝時期》，北京：文物出版社，2014 年，第 122 頁。
〔註40〕《內蒙古大辭典》編纂委員會：《內蒙古大辭典》，呼和浩特：內蒙古人民出
　　　版社，1991 年，第 4 頁。
〔註41〕鮑桐：《北魏北疆幾個歷史地理問題的探索》，載《中國歷史地理論叢》，1999
　　　年第 3 期，第 72 頁。
〔註42〕內蒙古自治區文物考古研究所：《內蒙古文化遺產叢書·烏蘭察布文化遺產·
　　　魏晉北朝時期》，北京：文物出版社，2014 年，第 122 頁。

其次,協同防守,增強自身力量。撫冥鎮的堅守與否,涉及北魏六鎮防線東部的穩定以及北魏所控的連接中原與漠北兩條重要交通線側翼的安全;撫冥鎮所擁有之地利優勢遜於附近軍鎮,基於此種情況,北魏統治者讓撫冥鎮歸屬柔玄鎮指揮,以便於六鎮防線西部的協同防禦。如《魏書》卷一六《道武七王·京兆王黎傳附元繼傳》載「高祖時,除使持節、安北將軍、撫冥鎮都大將。轉都督柔玄、撫冥、懷荒三鎮諸軍事,鎮北將軍、柔玄鎮大將」,反映出撫冥鎮與柔玄鎮聯合、互相支持,協同防禦六鎮防線東部的情況;而撫冥鎮與柔玄鎮協同防守,有利於六鎮防線東部防禦力量的鞏固以及撫冥鎮地利不足的消除。

5. 柔玄鎮——控扼衝要、六鎮東部中樞

(1) 柔玄鎮地理環境

柔玄鎮轄境主要包括今內蒙古烏蘭察布東南部察哈爾右翼後旗等地與錫林郭勒西部二連浩特、蘇尼特右旗等地。柔玄鎮鎮城所在地即今內蒙古自治區烏蘭察布察右後旗韓勿拉河流域克里孟古城〔註43〕。克里孟古城「位於察哈爾右翼後旗烏蘭哈達蘇木克里孟嘎查北 300 米處,坐落在陰山山脈的北部,韓勿拉山系的西緣中段。南部約 5 公里處是灰騰梁的東北尾端,東南是灰騰梁與韓勿拉山的隔離帶」〔註44〕。另據《水經注》,㶟水流經柔玄鎮西部。柔玄鎮控制著由草原經陰山南入中原的重要交通孔道二連浩特磧口〔註45〕。由此可見柔玄鎮南據山險、多面環山、水資源較豐富,適宜大規模駐防,實為六鎮防線中除懷朔鎮之外的又一重鎮。

(2) 軍事地理格局

北魏太武帝設置六鎮,將北疆防線推進到陰山以北後,六鎮在抵禦柔然南下、保障北魏北疆安全上發揮著舉足輕重的作用。柔玄鎮除佔據地利優勢外,更因北控中原與漠北的交通孔道二連浩特磧口,而在六鎮東部中顯得地位尤為突出。對北魏來說,柔玄鎮的堅守與否,事關六鎮東部地區形勢的穩定以及連接中原與漠北兩大交通線中的東部二連浩特磧口交通線的安全與暢

〔註43〕張文平、袁永明主編:《輝騰錫勒草原訪古》,北京:文物出版社,2017 年,第 127 頁。

〔註44〕內蒙古自治區文物考古研究所:《內蒙古文化遺產叢書·烏蘭察布文化遺產·魏晉北朝時期》,北京:文物出版社,2014 年,第 117 頁。

〔註45〕鮑桐:《北魏北疆幾個歷史地理問題的探索》,載《中國歷史地理論叢》,1999 年第 3 期,第 72 頁。

通。所以，柔玄鎮自然成為六鎮東部地區中的首要受攻擊點，柔玄鎮多次直面柔然騎兵的威脅。如《魏書》卷四四《羅結傳附羅斤傳》載「後平涼州，攻城野戰，多有克捷，以功賜爵帶方公，除長安鎮都大將。會蠕蠕侵境，馳驛征還，除柔玄鎮都大將」，太武帝緊急徵調有「攻城野戰」經驗的羅斤赴任柔玄鎮將以應對柔然進犯，足見此次柔然南侵對柔玄鎮所形成的壓力。《魏書》卷七三《奚康生傳》載「太和十一年，蠕蠕頻來寇邊，柔玄鎮都將李兜討擊之。康生性驍勇，有武藝，弓力十石，矢異常箭，為當時所服。從兜為前驅軍主，頻戰陷陳，壯氣有聞，由是為宗子隊主」，反映出柔玄鎮地區戰事之頻繁與激烈。

（3）柔玄鎮軍事佈防的特點

首先，柔玄統領周邊軍鎮，形成東西協同防禦之格局。柔玄鎮因所佔地利之優勢遠高於其西部之撫冥鎮與東部之懷荒鎮、又北控中原與漠北之交通樞紐二連浩特磧口，由此成為六鎮東部抵禦漠北柔然的首要藩屏，又為漠北柔然欲從六鎮東部南下中原、進攻平城的必經之路。所以，柔玄鎮所面臨之邊防壓力之大與形勢之嚴峻是可以想見的。在此背景下，北魏統治者基於進一步增強柔玄鎮防禦力量、鞏固六鎮東部防禦以及保障中原與漠北交通樞紐安全之目的，實行讓柔玄鎮統領撫冥鎮與懷荒鎮之策，進而使六鎮中的東部三鎮形成協同防守之格局。如《魏書》卷一六上《道武七王·京兆王黎傳附元繼傳》載「高祖時，除使持節、安北將軍、撫冥鎮都大將。轉都督柔玄、撫冥、懷荒三鎮諸軍事，鎮北將軍、柔玄鎮大將」，以柔玄、撫冥與懷荒三鎮協同防守，即可使撫冥鎮與懷荒鎮的防禦力量得到充實，又可保障柔玄鎮側翼安全。

其次，柔玄鎮轄境內的軍事佈防具有南北縱深的特徵。北魏獻文帝下令修築六鎮長城南線後，另據考古調查所揭示六鎮長城南線分布地域，可洞悉柔玄鎮轄境內軍事佈防具有南北縱深的特點。南北縱深之南，指轄境南部的柔玄鎮城。南北縱深之北，指分布於察哈爾右翼後旗中部即柔玄鎮城北部與東北部的六鎮長城南線之一部。六鎮長城南線在察哈爾右翼後旗境內「經紅格爾圖鎮、當郎忽洞蘇木兩個鄉鎮，長城牆體作直線分部，大體呈東—西走向」〔註46〕，察哈爾右翼後旗境內的六鎮長城南線牆體，「由商都

〔註46〕內蒙古自治區文化廳、內蒙古自治區文物考古研究所：《內蒙古自治區長城資源調查報告·北魏長城卷》第二章《六鎮長城南線》，北京：文物出版社，2014年，第8頁。

縣進入察哈爾右翼後旗紅格爾圖鎮紅格爾圖村南，所經地貌為較寬闊的谷地……牆體沿平坦的谷地西行……穿越一段狹窄的谷地……經光明村南、平地敖包村南柏油路三岔口，西行進入榆樹林，轉西北行，進入當郎忽洞蘇木甲力漢村中，再經旱海子南岸、當郎忽洞村北，穿過當郎忽洞至五道灣的柏油路，沿寬闊低緩的坡谷地向西北行，長城牆體兩側均有水泡子分布，繼續向西北行，經過楊貴村北一片海拔較低的芨芨草灘地，向西進入察哈爾右翼中旗境內」〔註47〕。考古學者經過調查，發現察哈爾右翼後旗境內六鎮長城南線南側分布有北魏時期戍堡兩座，命名為當郎忽洞1號戍堡、當郎忽洞2號戍堡，當郎忽洞1號戍堡規模為「42*37米」、當郎忽洞2號戍堡規模為「42*40米」〔註48〕。由六鎮長城南線牆體在察哈爾右翼後旗境內的分布以及所經之地之地勢，可以看出分布在察哈爾右翼後旗的六鎮長城南線牆體將察哈爾右翼後旗中部與北部的山川險阻以及部分平原多數包圍在牆體以南，進而在柔玄鎮城以北構築起一道藩屏。此藩屏，一方面擔負起柔玄鎮轄境內阻擋柔然南下的首道屏障，進而可相應減少柔玄鎮城直面柔然南下的壓力；另一方面，分布於察哈爾右翼後旗的六鎮長城南線及附近戍堡又向後方的柔玄鎮城傳遞前沿軍事態勢。總而言之，分布在察哈爾右翼後旗境內的六鎮長城南線部分以及所屬戍堡，構成了柔玄鎮轄境內的第一道防線，此防線一方面扮演偵探柔然南下動向、阻擋柔然南下、向後方指揮中樞柔玄鎮城傳遞前線軍情等重要角色，另一方面對後方柔玄鎮城形成拱衛之勢。做為柔玄鎮指揮中樞的柔玄鎮城為柔玄鎮轄境內的第二道防線，可向第一道防線區域提供兵員與後勤給養，兩道防線相互支持、策應，進而使柔玄鎮轄境形成了南北縱深的協同防禦體系。

〔註47〕內蒙古自治區文化廳、內蒙古自治區文物考古研究所：《內蒙古自治區長城資源調查報告·北魏長城卷》第二章《六鎮長城南線》，北京：文物出版社，2014年，第8頁。

〔註48〕內蒙古自治區文化廳、內蒙古自治區文物考古研究所：《內蒙古自治區長城資源調查報告·北魏長城卷》第五章《結論》，北京：文物出版社，2014年，第87頁。

圖 2.5　烏蘭察布察哈爾右翼後旗北魏六鎮長城南線分布圖〔註49〕

6. 懷荒鎮──柔玄左臂、依憑山險

據《魏書》、《資治通鑒》以及《中國歷史地圖集》，懷荒鎮西接柔玄鎮、東至禦夷鎮、南臨燕州、北面漠北。

（1）懷荒鎮地理環境

懷荒鎮鎮城位於今河北省張家口北部張北縣境。民國《張北縣志》卷一《地理志上·經緯度之位置》載「張北縣位於張家口大境門外，長城迤北，陰山支脈之背。為察哈爾省會之屏障，張庫、張多暨內外蒙古來往之孔道，又為口外各縣入省必經之路。自古在軍事上必爭之地」〔註50〕、民國《張北縣

〔註49〕轉引自內蒙古自治區文化廳、內蒙古自治區文物考古研究所：《內蒙古自治區長城資源調查報告·北魏長城卷》，北京：文物出版社，2014 年，地圖四　烏蘭察布市察哈爾右旗北魏長城分布圖。

〔註50〕張繼淹、許聞詩：《民國張北縣志》，民國二十四年鉛印本//《中國地方志集成·河北府縣志輯》第 13 冊（影印本），上海：上海書店出版社，2006 年，第 299 頁。

志》卷一《地理志上‧形勢》載「張北全境，東西較長，南北稍狹。中間有陰山支脈橫貫其中，崎嶇蜿蜒，崗巒起伏。由本縣與綏遠省之興和大青山起，至赤城、沽源七老圖山支脈之燕山止，約三百里之遙。往來山口名之曰壩……沿壩山口甚多，有通汽車者，有通牛車者，亦有僅通人行路者。壩之南與各縣為界者，則為關口，有長城之圍繞，臺墩之建設，其為險要概可想見……張北關口，若野狐嶺、虞臺嶺……等處自古為軍家必爭之地。而外轅門壩麻尼壩、黃臺壩……亦為要害之地。欲守長城關口，必先守壩口，關口為第二鎖鑰，壩口為第一屏障」〔註51〕，可見山隘關口是懷荒鎮轄境內的鮮明地理特徵，懷荒鎮亦為形勝之地。

（2）軍事地理格局

懷荒鎮控制漠北與中原之間往來的交通孔道，交通網較密集且發達，其地固守與否，事關北魏六鎮防線最東端的安全。懷荒鎮又因位於柔玄鎮東端，做為二連浩特磧口所連接的漠北與中原交通線的側翼，其堅守與否，直接影響到北魏能否有效控制二連浩特磧口交通線。所以，懷荒鎮亦成為柔然南下時所覬覦的目標。柔然一旦攻佔懷荒，則可對二連浩特磧口交通線、乃至六鎮東部防線、甚至舊都平城形成嚴重威脅。如《魏書》卷一八《太武五王‧臨淮王譚傳附元孚傳》載：

> 蠕蠕王阿那瓌既得返國，其人大饑，相率入塞，阿那瓌上表請臺賑給。詔孚為北道行臺，詣彼賑恤。孚陳便宜，表曰：
>
> 人面獸心，去留難測，既易水草，病恙將多，憂愁致困，死亡必甚。兼其餘類尚在沙磧，脫出狂勃，翻歸舊巢，必殘掠邑里，遺毒百姓。亂而方塞，未若杜其未萌。又貿遷起於上古，交易行於中世，漢與胡通，亦立關市。今北人阻饑，命懸溝壑，公給之外，必求市易，彼若願求，宜見聽許。
>
> （正光四年）孚持白虎幡勞阿那瓌於柔玄、懷荒二鎮間。阿那瓌眾號三十萬，陰有異意，遂拘留孚，載以輕車，日給酪一升，肉一段。每集其眾，坐孚東廂，稱為行臺，甚加禮敬。阿那瓌遂南過至舊京，後遣孚等還。

〔註51〕張繼淹、許聞詩：《民國張北縣志》，民國二十四年鉛印本//《中國地方志集成‧河北府縣志輯》第13冊（影印本），上海：上海書店出版社，2006年，第301頁。

《魏書》卷一〇三《蠕蠕傳》又載此事：

　　（正光）三年十二月，阿那瓌上表乞粟，以為田種，詔給萬石。
　　四年，阿那瓌眾大饑，入塞寇抄，肅宗詔尚書左丞元孚兼行臺尚書
　　持節喻之。孚見阿那瓌，為其所執，以孚自隨，驅掠良口二千，公
　　私驛馬牛羊數十萬北遁，謝孚放還。

　　根據以上史料可以看出：首先，正光三年，柔然發生饑饉，郁久閭阿那
瓌請求北魏賑濟，若從地理空間距離而言，郁久閭阿那瓌應率眾至懷朔鎮以
北區域等待北魏援助。因為正光二年郁久閭阿那瓌離開北魏、回漠北，都是
在懷朔鎮領取北魏援助物資。而正光三年至四年，郁久閭阿那瓌率眾遊弋於
柔玄與懷荒鎮以北區域，名義上是等待北魏援助，實則窺探北魏六鎮防線東
部以伺機南下劫掠。其次，郁久閭阿那瓌南下所至之「舊京」，指北魏舊都平
城。郁久閭阿那瓌先率眾遊弋在柔玄至懷荒鎮以北，然後南下至北魏舊都平
城，其必然從柔玄或懷荒鎮南下。表明懷荒鎮雖然地處要衝，但其自身力量
仍較有限，要鞏固防守，必須讓其與附近軍鎮協同防守、互相支持。

　　（3）懷荒鎮軍事佈防的特點

　　懷荒鎮雖然有山險可資防禦，但由於轄境內多山口及所連接的交通線以
及自身力量相對有限，所以懷荒鎮成為極易受柔然攻擊的區域。此種形勢決
定懷荒鎮的軍事佈防以懷荒鎮與周邊軍鎮協同防守為主要特點。如《魏書》
卷一六《道武七王・京兆王黎傳附元繼傳》載「高祖時，除使持節、安北將
軍、撫冥鎮都大將。轉都督柔玄、撫冥、懷荒三鎮諸軍事，鎮北將軍、柔玄鎮
大將」，懷荒鎮接受柔玄鎮將管轄、與柔玄鎮協同防禦，有助於柔玄鎮所掌控
之二連浩特磧口交通線與懷荒鎮所管轄諸山口交通線的安全。《魏書》卷五〇
《慕容白曜傳附慕容契傳》又載「正始初，除征虜將軍、營州刺史。徙都督沃
野、薄骨律二鎮諸軍事，沃野鎮將，轉都督禦夷、懷荒二鎮諸軍事，平城鎮
將」，北魏統治者使懷荒鎮與東部禦夷鎮、南部平城鎮協同防守，亦為基於六
鎮防線東部、舊都平城的戰略形勢考量，結合《元朗墓誌》所云「朝廷以平城
舊都，形勝之會，南據獫狁之前，東連肅貊之左，保境寧民，實擬賢戚。乃除
君持節征虜將軍平城鎮將。君遂禦夷狄以威權，導民庶以禮信。其時十餘年
間，凶奴不敢南面如坐者，殆君之由矣」〔註52〕可見，北魏統治者使懷荒鎮

_____

〔註52〕洛陽市文物管理局：《洛陽出土少數民族墓誌彙編》，鄭州：河南美術出版社，
　　　　2011年，第73頁。

與平城協同防守，意在加強六鎮最東部與舊都平城之間的南北縱深防禦力量。雖然獻文帝、孝文帝時期，北魏修築六鎮長城南線與北線，北魏北疆防線由此不斷向北推進，但北魏北疆最穩固的防線還是以陰山為依託的六鎮防線。懷荒鎮轄境雖有山險可憑，但由於當地山口較多，交通線較密集，隨之而來的問題是如何有效防守這些關隘。可以說，懷荒鎮的防禦，除抵禦柔然於域外，如何有效把守諸多關隘也是重要議題。基於此，本文認為，北魏在懷荒鎮轄境進行軍事佈防的著眼點，亦由諸多山口關隘所展開。而為有效防守眾多關隘，保障柔玄鎮所控制的六鎮東部二連浩特磧口主幹交通線與懷荒鎮所控制的側翼交通線以及六鎮東部與舊都平城交通的安全，使懷荒鎮與其西部的指揮中樞柔玄與後方的平城鎮協同防守，互相支持，是非常必要的。

第二節　北部邊疆軍鎮地帶在北魏時期的戰略地位及變化

一、北部邊疆軍鎮地帶的形成

　　基於敘述與探討之整體性目的，本部分所涉北部邊疆，首先指入主北方、先後以盛樂、平城與洛陽為首都的北魏與以漠北高原為勢力根本的柔然之間對峙、衝突主要展開之地域，其次指做為北魏與漠北民族主要對峙地帶的側翼區域即西北與東北邊疆之地域。上述地區具體指北魏六鎮地區、燕州、安州、營州、薄骨律鎮、涼州、敦煌鎮等軍政區。本部分從軍事層面即中原政權所能控制與進行軍事戍防的北部前沿地帶這個角度出發。

　　《魏書》卷二《道武帝紀》載：

　　　　（登國元年）八月，劉顯遣弟亢泥迎窟咄，以兵隨之，來逼南境。於是諸部騷動，人心顧望。帝左右于桓等，與諸部人謀為逆以應之。事泄，誅造謀者五人，餘悉不問。帝慮內難，乃北踰陰山，幸賀蘭部，阻山為固。遣行人安同、長孫賀使于慕容垂以徵師，垂遣使朝貢，並令其子賀驎帥步騎以隨同等。

　　《魏書》卷八三上《外戚上·賀訥傳》載：

　　　　（登國五年）衛辰遣子直力鞮征訥。訥告急請降，太祖簡精騎二十萬救之。遂徙訥部落及諸弟處之東界。

　　上述史料反映出至登國五年（390），原來僅以陰山南部盛樂為中心的北

魏，通過兼併賀蘭部，將北部北邊擴展至陰山北麓。而兼併賀蘭部、拓地至陰山以北，使北魏在北部邊疆防禦上始有「山川形勝」之優勢，進而為後來在北部邊疆地區因山川地利之勢設置眾多軍鎮奠定了基礎。

《魏書》卷二《道武帝紀》又載：

> （登國六年七月）衛辰遣子直力鞮出稒楊塞，侵及黑城。
>
> 九月，帝襲五原，屠之。收其積穀，還紐埒川，於稒楊塞北樹碑記功。
>
> （十一月）戊寅，衛辰遣子直力鞮寇南部。己卯，車駕出討。壬午，大破直力鞮軍於鐵歧山南，獲其器械輜重，牛羊二十餘萬。戊子，自五原金津南渡河。辛卯，次其所居悅跋城，衛辰父子奔遁。壬辰，詔諸將追之，擒直力鞮。十有二月獲衛辰尸，斬以徇，遂滅之……衛辰少子屈丐，亡奔薛干部。車駕次於鹽池。自河已南，諸部悉平。

以上史料透露出登國六年（391），北魏道武帝率軍征討劉衛辰部、大獲全勝後，穩固地控制今內蒙古鄂爾多斯高原，北魏北部邊疆又向西延伸。

《魏書》卷二《道武帝紀》又載：

> （登國九年）春三月，帝北巡。使東平公元儀屯田於河北五原，至於稒楊塞外。

既然道武帝下令在黃河以北五原屯田、將五原做為重要產糧區，則北魏當時已牢固控制五原地區。因此，至登國九年（394），北魏北部邊疆向北已穩固囊括陰山以北之地域，向西已據有鄂爾多斯高原。

登國十年（395），北魏在參合陂之役中大勝後燕，對後燕實力給予重大打擊，進而為自己東擴清除了最大的外在阻力。《魏書》卷二《道武帝紀》又載：

> （皇始元年）夏六月癸酉，遣將軍王建等三軍討寶廣寧太守劉亢泥，斬之，徙其部落。寶上谷太守慕容普隣，捐郡奔走。
>
> 八月庚寅，治兵于東郊。己亥，大舉討慕容寶。帝親勒六軍四十餘萬，南出馬邑，踰于句注，旌旗駱驛二千餘里，鼓行而前，民屋皆震。別詔將軍封真等三軍，從東道出襲幽州，圍薊。
>
> 九月戊午，次陽曲，乘西山，臨觀晉陽，命諸將引騎圍脅，已而罷還。寶并州牧遼西王農大懼，將妻子棄城夜出，東遁，并州

平……己未，詔輔國將軍奚牧略地晉川，獲慕容寶丹陽王買得等於平陶城。

　　冬十月乙酉，車駕出井陘，使冠軍將軍王建、左軍將軍李栗五萬騎先驅啟行。十有一月庚子朔，帝至真定。自常山以東，守宰或捐城奔竄，或稽顙軍門，唯中山、鄴、信都三城不下。別詔征東大將軍東平公儀五萬騎南攻鄴，冠軍將軍王建、左軍將軍李栗等攻信都，軍之所行，不得傷民桑棗。戊午，進軍中山；己未，引騎圍之。

　　上述史料表明北魏東征後燕，佔據廣寧、上谷郡、并州等地，北魏北部邊疆向東擴至河北北部。所以，至皇始元年（396），北魏北部邊疆正式形成，其範圍西起鄂爾多斯高原，向東經過內蒙古陰山一線，東至河北北部，東西延綿近千公里，成為保障北魏初期首都盛樂、之後新都平城安全的重要屏障。

　　北魏東北邊疆，是在北魏徵討北燕過程中逐漸形成的。北魏太武帝太延二年（436），北魏攻佔北燕之地，遂以其地為營州、置和龍鎮。

　　北魏西北邊疆，是在北魏徵討北涼過程中逐漸形成的。北魏太延五年六月（439），太武帝率軍親征北涼；同年九月，北涼沮渠牧犍投降，北魏進佔北涼全境。北魏在北涼舊地設置涼州、敦煌鎮等。

　　至北魏滅北涼，北魏大體上統一了北方地區。至此，北魏北方邊地形成以北部邊疆為核心、以東北與西北邊疆為北部邊疆側翼的格局。以軍事層面而言，北部邊疆及軍鎮擔負著抵禦漠北民族於域外、捍衛北魏北方邊境地帶乃至全國安全之重任。進而言之，若將人文地理環境因素考慮在內，北部邊疆及側翼軍鎮地區亦是前代軍事防禦工程的分布地帶，從北魏東北的燕安營三州，途徑六鎮，延伸至河西地區，上述地區既是趙國長城、秦代長城與漢代長城的分布所在，也是戰國至漢代中原政權與漠北游牧部族展開對峙、中原政權抵禦漠北部族南下中原的前沿重地。北魏以後的歷代在北方經營，亦大體在此區域展開。

二、北部邊疆軍鎮地帶在北魏時期的戰略地位

　　欲洞察北部邊疆軍鎮地帶在北魏時期的邊疆防禦體系中所具有的戰略地位，首先要明晰北魏政權的族屬性質。北魏政權是由出身游牧部族、原活躍於塞北後入居中原北部的鮮卑拓跋氏所建，所以，北魏當為胡族性質之政權。

古代北方民族欲入居中原、建立政權，必須突破中原政權於北方邊疆地帶設
置的長城等軍事防禦屏障。與適逢漢代盛世的匈奴、隋唐盛世的突厥等北方
民族相比較，拓跋鮮卑領導的胡族集團在南下、入居中原過程中正值中原北
方亂世，其遇到的來自於長城等障礙阻力明顯小得多。拓跋鮮卑統治集團自
然曉得中原北方邊地長城等防禦體系的崩潰是其順利進入中原的重要因素；
也意識到自己入主中原後，原先所生活的塞北地區又為柔然等其他北方民族
所佔據，而塞北、漠北的新興勢力亦欲跨越北方邊地進而將勢力深入自己疆
域之內。實際上，北魏前期亦發生柔然多次越過北方邊地、南侵至北魏內地
的歷史事件。在此背景下，北部邊疆及依託北部邊疆存在的六鎮等北方邊鎮
是北魏得以在中原長期立足的重要外部屏障。也就是說，北部邊疆軍鎮地帶
形勢穩定與否，事關北魏北方安全、乃至北魏在中原的安危。沒有北部邊疆
軍鎮地帶的穩定，北魏就無法在中原立足。基於此，本文認為，北部邊疆軍
鎮地帶是北魏整個邊疆防禦體系的根本所在。在北魏整個邊疆防禦體系正常
而有效運行的基礎上，只有北部邊疆軍鎮地帶的首先穩定運轉，北魏才能有
效抵禦外部最大威脅。

　　其次，北魏是由出身北方民族的鮮卑拓跋氏所建，境內之民眾由華夏族
群與胡族族群所組成，境內之地域由傳統中原農耕區與北方邊疆地帶以及部
分北方內地的畜牧區所組成，上述兩個區域的民眾依託於不同的經濟生產方
式、不同的政治集團而存在。以北方邊疆地帶及部分北方內所形成的畜牧區
而言，這裡是以拓跋鮮卑為首的胡族集團生存之根本；以傳統中原農耕區而
論，生活在這裡的華夏民眾佔據北魏國家人口的重要比例，是北魏國家財政
與賦稅的重要來源。胡族集團善待華夏族群，既可以在中原立足、利用其防
禦江南華夏族群，又可以利用其抵禦北方民族的南下侵擾，方可在中原長久
立足；華夏族群與胡族集團互利合作、緊密配合，協助胡族集團防守北部邊
疆、抵禦來自漠北威脅，中原農耕區安全才有保障。所以，對於胡族性質、兼
容胡漢兩大族群民眾的北魏政權來說，做為其邊疆體系組成的北部邊疆軍鎮
地帶所具之地位與重要性自然是顯而易見的，又是其他邊疆地區所不能比擬
的。

　　我們還要明晰北魏邊疆形勢所影響的邊疆防禦部署。北魏在北部邊疆
地帶與漠北勁敵柔然展開對峙、在西部邊疆地區與吐谷渾及仇池等勢力對
峙、在南疆地區先後與南朝劉宋、南齊與梁形成攻守之勢。以軍事實力而

論，吐谷渾、仇池對北魏西部邊疆的威脅與壓力是最小的；江南宋、齊、梁雖然對北魏南疆地區有擾掠之舉，但江南政權軍事力量始終未敢深入北魏腹地，所以江南政權對北魏南疆地區的威脅與壓力亦相對較小；而雄踞漠北的柔然，實力雄厚、軍事力量強盛，柔然憑藉機動性強、善於遠距離奔襲作戰的騎兵，不僅時常擾掠北魏北方邊地，更深入北魏北境以裏，一度攻圍北魏舊都盛樂，甚至勢力南下至平城附近，儼然成為北魏邊疆最大的威脅來源。從北魏所面臨邊疆威脅程度大小來講，北魏在邊疆防禦部署上，必然首要考慮北部邊疆地區。而北魏統治者在邊疆防禦部署上重視北部邊疆，除考慮到自於柔然的威脅，亦關注北部邊疆地區的地緣政治因素。如學者所論，地緣政治是政治行為體充分控制和利用地理環境以實現追求權益、安全等特定戰略目標，進而憑藉地理環境進行與不同勢力之間的競爭與關係的協調〔註53〕。北魏在北部邊疆地區地區有陰山等可憑藉，進而對柔然形成進可攻退可守之勢，只要北魏通過在陰山一線設置軍鎮、并牢固控制陰山地帶，便可達到保障北方邊地安全、使內地農耕區無後顧之憂、在與漠北民族的對峙與交往中佔據優勢、隨時可調整與漠北民族關係等目的。因此，北部邊疆軍鎮地帶成為北魏在邊疆防禦部署中的核心區域，遂出現北魏以此制衡最大外部勁敵、進而穩定北方邊地與內地、最終實現控制與穩定整個邊疆的戰略布局。

三、北魏北部邊疆軍鎮地帶戰略地位的變化

北魏北部邊疆軍鎮戰略地位在北魏近一個半世紀中經歷了何種變化，以及變化趨勢是何？欲明晰此問題，我們可將北魏分成平城時代、洛陽時代兩個時間段來考量。

北魏平城時期，大體上包括道武帝後期至孝文帝後期，中間歷經六帝、近一個世紀。北魏平城時代，北部邊疆軍鎮地帶自太武帝時期全面形成後，便具有影響北魏整個邊疆體系能否穩定運行的戰略地位。由於漠北柔然勢力成為北魏外部最大的威脅，所以北魏不得不將如何有效經營北部邊疆軍鎮地帶置於邊疆經營中的首要位置，北魏統治集團將大部分的精力放在鞏固與完善北部邊疆軍鎮地帶防禦體系上。道武帝至明元帝前期，北魏對柔然發動了幾次大規模征討、對柔然勢力給予一定打擊，至永興三年（411），柔然可汗郁

〔註53〕陸俊元：《地緣政治的本質與規律》，北京：時事出版社，2005年，第9頁。

久閭斛律畏於北魏軍威、「不敢南侵」，北魏獲得「北邊安靜」〔註 54〕這一積極成果。漠北柔然對北魏的威脅暫時緩解。至明元帝即位初期，北疆形勢的暫時改善，為明元帝及之後統治者在北疆地區進行積極經營奠定了基礎。泰常八年（423），明元帝下詔、調集人力，「築長城於長川之南，起自赤城，西至五原，延袤二千餘里，備置戍衛」〔註 55〕，由此北魏北疆防線開始在陰山以南一線逐步構築。然而到北魏太武帝時，柔然勢力再次強盛，對北魏北疆又構成嚴重威脅。柔然可汗郁久閭大檀充分發揮柔然騎兵機動性強、善於奔襲作戰的優勢，不斷襲擾北魏北疆。始光元年（424），郁久閭大檀甚至率軍突破泰常八年長城防線、南下攻圍北魏舊都盛樂，幾乎合圍太武帝所率之北征軍。鑒於此種嚴峻形勢，太武帝意識到如果僅以位於陰山南部的泰常八年長城做為北疆前沿，那麼北魏在北疆防守與對抗柔然中勢必處於被動局面。所以，盛樂危機的次年即始光二年（425）以及神麚二年（429），北魏太武帝主動發起兩次對柔然的征討作戰，對柔然給予決定性打擊、使柔然勢力嚴重削弱。在逐步廓清北疆外圍過程中，太武帝於神麚至延和初期，在陰山一線設置沃野、懷朔、武川、撫冥、柔玄與懷荒六個軍鎮，其中懷朔、武川、撫冥、柔玄、懷荒五鎮皆在陰山北部地勢險要之處，反映出太武帝將北疆防線向北推移至陰山北部，使北魏在北疆防禦中開始真正有地利之勢做為依憑。

北魏洛陽時代，大體上包括孝文帝太和末期至孝武帝時期，中間歷經七帝、近四十年時間。北魏洛陽時代，尤其是六鎮之亂爆發前的孝文帝太和末期至孝明帝正光初期，雖然當時北魏首都洛陽地近江南，並且當時北魏統治者把對外征討的重點放在江南方面，北魏南疆地帶在此背景下逐步顯得重要。但不能就此認為遠離首都洛陽的北魏北疆軍鎮地帶所具有的軍事地位就毫無重要性可言。因為，在洛陽時代，對北魏形成真正威脅的周邊勢力，一為漠北柔然，另一為江南政權，而且柔然威脅北魏的程度要遠高於江南。所以，北魏洛陽統治者對尚存實力的漠北柔然時刻保持警惕，在此背景下，北魏洛陽統治者對北疆軍鎮防線經營所保有的重視程度，雖然不及平城時代的統治者，但對軍事防禦設施的維護與新建、鎮將的選任等，大體上仍給予一定關注，進而可謂，北魏洛陽時代北疆軍鎮地帶的戰略地位與平城時代相較，雖有所勢衰，但差距並沒有達到十分明顯的程度。值得注意的是，《魏書》記載

〔註 54〕魏收：《魏書》卷一〇三《蠕蠕傳》，北京：中華書局，1974 年，第 2291 頁。
〔註 55〕魏收：《魏書》卷二《明元帝紀》，北京：中華書局，1974 年，第 63 頁。

的北魏宣武帝時期北疆軍鎮地帶開始出現邊備鬆弛的現象，北疆軍鎮鎮將選
任亦存有敗壞之跡，更為嚴重的是，洛陽統治集團與北疆軍鎮集團之間的關
係漸趨緊張，上述人為因素必然逐漸破壞北疆軍鎮地帶原有根基與地位。

第三章　北魏軍鎮機構考論

　　北魏軍鎮，負責北魏邊疆及內地衝要之處的安全與穩定。所以，北魏統治者為使軍鎮軍政有效運轉，在軍鎮內設置了系統的高中低級職官。隨著北魏漢化進程的加深，北魏統治者不僅在中央與地方州郡縣職官設置上逐漸採用中原典章；在軍鎮機構方面，亦效法中原漢制，進而使軍鎮內部形成了軍府武職與文職兩個職官系統，分別掌管軍鎮中的軍事與行政事務。

一、鎮將

　　鎮將為北魏在四方軍鎮設置的最高軍事長官，亦稱鎮都大將、鎮大將。《魏書》卷一一三《官氏志》載：

> 舊制，緣邊皆置鎮都大將，統兵備禦，與刺史同。城隍、倉庫皆鎮將主之，但不治。故為重於刺史。

　　根據以上史料，可以看出當時鎮將地位應高於州刺史地位。

　　上述史料中「城隍、倉庫皆鎮將主之，但不治」，有學者認為「但不治」下脫「民」字〔註1〕，即鎮將無治民權。所謂「統兵備禦」，指鎮將職責專為統率軍鎮內駐防軍，守衛邊疆、抵禦外敵入侵與鎮守國內衝要之地。如《魏書》卷二六《尉古真傳附尉多侯傳》載：

> 顯祖時，為假節、征西將軍、領護羌戎校尉、敦煌鎮將。至鎮，上表求率輕騎五千，西入于闐，兼平諸國，因敵取資，平定為效。

〔註1〕嚴耕望：《中國地方行政制度史・魏晉南北朝地方行政制度》卷下《北朝地方行政制度》第十一章《北魏軍鎮》，上海：上海古籍出版社，2007年，第784頁。

弗許。高祖初，蠕蠕部帥无盧真率三萬騎入塞圍鎮，多侯擊之走，
以功進號征西大將軍。

上述史料反映出：首先，在抵禦漠北游牧民族進犯、保障軍鎮轄區穩定
方面，鎮將發揮著核心作用；其次，靠近西域的北魏軍鎮鎮將，除率軍戍邊
之外，在北魏統治者允許下，還兼有部分經營西域的職責。

《元朗墓誌》又云：

朝廷以平城舊都，形勝之會，南據獫狁之前，東連肅貊之左，
保境寧民，實擬賢戚，乃除君持節、征虜將軍、平城鎮將。君遂禦
夷狄以威權，導民庶以禮信。其時十餘年間，凶奴不敢南面如坐者，
殆君之由矣。逮神龜二年，以母憂去職。

上述誌文，一方面說明鎮將執掌統兵戍邊、禦敵之權力；另一方面，鎮
將亦有管理軍鎮轄區內民眾的權力。所以，學界中認為鎮將無治民權的觀點
有待商榷。

《魏書》卷五〇《慕容白曜傳附慕容昇傳》載：

契長子昇，字僧度。建興太守，遷鎮遠將軍、（孝明帝時期）沃
野鎮將，進號征虜將軍。甚得邊民情。

《魏書》卷一九下《城陽王長壽傳》載：

城陽王長壽，皇興二年封，拜征西大將軍、外都大官。出為沃
野鎮都大將。性聰惠，善撫接，在鎮甚有成名。

上述兩條史料亦反映出鎮將有治理轄區內民眾的權力。

二、鎮將下屬職官

由於軍鎮在邊疆防禦與國內要地鎮守中發揮著重要作用，軍鎮轄區內日
常軍政事務非鎮將一人所能及。所以，北魏統治者在鎮將之下設置相關職官，
輔佐鎮將處理軍鎮轄區內的軍政事務。關於北魏軍鎮鎮將下屬職官的設置，
本文根據《魏書》及涉及《北齊書》、《周書》、《隋書》等傳世文獻及金石文
獻，進行探討。

1. 副將

鎮副將，作為鎮將之副職，輔佐鎮將處理軍鎮轄區的軍政事務。

《魏書》卷一九下《景穆十二王下·南安王楨傳附元略傳》載：

清河王（元）懌死後，（元）又黜（元）略為懷朔鎮副將。

《魏書》卷八六《孝感・趙琰傳》載：

> 初為克州司馬，轉團城鎮副將。

《魏書》卷二九《叔孫建傳附叔孫隣傳》載：

> 出為涼州鎮大將，加鎮西將軍。隣與鎮副將奚牧，並以貴威子弟，競貪財貨，專作威福。

《魏書》卷二七《穆崇傳附穆亮傳》載：

> （穆亮）除都督秦梁益三州諸軍事、征南大將軍、領護西戎校尉、仇池鎮將。時宕昌王梁彌機死，子彌博立，為吐谷渾所逼，來奔仇池。亮以彌機蕃歡素著，矜其亡滅，彌博凶悖，氐羌所棄；彌機兄子彌承，戎民歸樂，表請納之。高祖從焉。於是率騎三萬，次於龍鵠，擊走吐谷渾，立彌承而還。是時，階陵比谷羌董耕奴、斯卑等率眾數千人，寇仇池，屯于陽遐嶺，亮副將楊靈珍率騎擊走之。

《魏書》卷四下《太武帝紀下》載：

> （太平真君六年）九月，盧水胡蓋吳聚眾反於杏城。冬十月戊子，長安鎮副將元紇率眾討之，為吳所殺。

上述史料表明北魏時期軍鎮副將在戰時，亦有統兵作戰之權力。

《魏書》卷二四《崔玄伯傳附崔徽傳》載：

> 玄伯弟徽，字玄猷。少有文才，與勃海高演俱知名。初徵相州別駕、中書侍郎，稍遷秘書監，賜爵貝丘侯，加龍驤將軍。樂安王範鎮長安，世祖以範年少，而三秦民夷，恃險多變，乃選忠清舊德之士，與範俱鎮。以徽為散騎常侍、督雍涇梁秦四州諸軍事、平西將軍、副將，行樂安王傅，進爵濟南公。徽為政務存大體，不親小事。性好人倫。引接賓客，或談及平生，或講論道義，誨誘後進，終日不止。

據此，崔徽所任之長安鎮副將，主要負責長安鎮中的行政事務。

《魏書》卷九四《閹官・封津傳》載：

> 封津，字醜漢，勃海蓨人也。祖羽，真君中為薄骨律鎮副將，以貪汙賜死。

《魏書》卷六《獻文帝紀》載：

> （皇興元年正月）東平王道符謀反於長安，殺副將、駙馬都尉萬古真，鉅鹿公李恢，雍州刺史魚玄明。

《魏書》卷七〇《傅豎眼傳》載：

> （文成帝）拜靈越鎮遠將軍、青州刺史、貝丘子，鎮羊蘭城；
> 靈根為臨齊副將，鎮明潛壘。

上述史料反映出北魏軍鎮副將平時率軍鎮守基層防禦區。

《魏書》卷四九《李靈傳附李元茂傳》載：

> （孝文帝時期）除振威將軍、南征別將、彭城鎮副將，民吏安
> 之。

李元茂所任之彭城鎮副將，職責涉及治民。

《魏書》卷一九中《景穆十二王中·任城王雲傳附元澄傳》載：

> 梁州氐帥楊仲顯、婆羅、楊卜兄弟及符叱盤等，自以居邊地險，
> 世為山狡。澄至州，量彼風俗，誘導懷附。表送婆羅，授仲顯循城
> 鎮副將，楊卜廣業太守，叱盤固道鎮副將，自餘首帥，各隨才而用
> 之，款附者賞，違命加誅。於是仇池帖然，西南款順。

雖然北魏軍鎮副將做為鎮將的副手，協助鎮將處理軍鎮中的軍政事務；
但由於楊仲顯與符叱盤曾經據險叛亂，北魏孝文帝任命楊仲顯、符叱盤為循
城鎮副將與固道鎮副將，只是對其拉攏，並不會授予二人太多實權。

2. 其他下屬官吏

別將 《魏書》卷八〇《賈顯度傳》載：

> 賈顯度，中山無極人……顯度形貌偉壯，有志氣。初為別將，
> 防守薄骨律鎮。正光末，北鎮擾亂，為賊攻圍。顯度拒守多時，
> 以賊勢轉熾，不可久立，乃率鎮民浮河而下。既達秀容，為尒朱
> 榮所留。

根據上述史料，別將做為軍鎮的中下級軍事職官，擁有統率部分軍鎮士
兵、戍邊防守之職責。

戍將 《魏書》卷二四《張兗傳附張法傳》載：

> 世宗時，（張法）除懷荒鎮金城戍將。

戍將做為軍鎮基層防禦區的最高軍事職官。

都將 《魏書》卷二四《張兗傳附張陵傳》載：

> （張陵，約文成帝至獻文帝）後為赤城典作都將。

張陵所任赤城鎮典作都將，應執掌赤城鎮工程營造、軍械製造事務。

《魏書》卷三一《于栗磾傳》載：

世祖之征赫連昌，敕栗磾與宋兵將軍、交趾侯周幾襲陝城。昌
弘農太守曹達不戰而走。乘勝長驅，仍至三輔。進爵為公，加安南
將軍。平統萬，遷蒲坂鎮將。時弘農、河內、上黨三郡賊起，栗磾
討之。轉虎牢鎮大將，加督河內軍。尋遷使持節、都督兗相二州諸
軍事、鎮南將軍、枋頭都將。

于栗磾所任枋頭鎮都將，為枋頭鎮將之下的領兵戍守的中下級軍事職官。

軍將　《北齊書》卷一九《任延敬傳》載：

任延敬，廣寧人也。伯父桃，太和初為雲中軍將，延敬隨之，
因家焉。

《北齊書》卷二五《徐遠傳》載：

徐遠，字彥遐，廣寧石門人也。其先出自廣平。曾祖定，為雲
中軍將、平朔戍主，因家於朔。

根據上述史料，審慎認為，軍將亦為軍鎮中的基層軍事職官；軍將地位
與戍主相同，或低於戍主。

鎮獄隊　《北齊書》卷一《神武帝紀上》載高歡年幼時：

養於同產姊婿（懷朔）鎮獄隊尉景家。

鎮獄隊的職責應為處理軍鎮轄區中的刑事案件。

省事、戶曹史、外兵史　《北齊書》卷一《神武帝紀上》載：

（高歡）有澄清天下之志。與懷朔省事雲中司馬子如及秀容人
劉貴、中山人賈顯智為奔走之友，懷朔戶曹史孫騰、外兵史侯景亦
相友結。

懷朔省事主要處理懷朔鎮府中日常行政事務；懷朔戶曹史掌管鎮府中文
案事務；懷朔外兵史輔佐鎮將處理鎮府中軍事事務。

隊主、函使　《北齊書》卷一《神武帝紀上》載：

（北魏後期）神武（高歡）自隊主轉為函使……為函使六年，
每至洛陽。

據此可知，懷朔函使負責洛陽與懷朔鎮之間公文、信件往來；函使地位
在隊主之上。

功曹史　《南史》卷八〇《賊臣·侯景傳》載：

侯景字萬景，魏之懷朔鎮人也。少而不羈，為鎮功曹史。

懷朔鎮功曹史掌管鎮府中屬吏的考核、選任事務。

軍主、統軍　《周書》卷一四《賀拔勝傳》載：

　　（賀拔勝）父（賀拔）度拔，性果毅，為武川軍主。

　　魏正光末，沃野鎮人破六汗拔陵反，南侵城邑。懷朔鎮將楊鈞聞（賀拔）度拔名，召補統軍，配以一旅。其賊偽署王衛可孤徒黨尤盛，既圍武川，又攻懷朔。勝少有志操，善騎射，北邊莫不推其膽略。時亦為軍主，從度拔鎮守。

　　據上述史料，首先，軍主為軍鎮中的最基層武官；其次，賀拔度拔由軍主升為統軍，同時，指揮其子武川軍主賀拔勝協助防守武川，反映出軍鎮基層武官中統軍地位在軍主之上，平時下轄若干軍主。

　　《新唐書》卷七一下《宰相世系表一下》載：

　　費也頭氏，臣屬鮮卑侠豆歸，後從其主亦稱宇文氏。仕後魏，世為沃野鎮軍主。

　　可見部分較早歸附拓跋氏統治者的北族家族，擁有世代擔任北魏北部邊疆軍鎮中層軍事職官的特權。

　　《魏書》卷七三《奚康生傳》載：

　　奚康生，河南洛陽人。其先代人也，世為部落大人……太和十一年，蠕蠕頻來寇邊，柔玄鎮都將李兜討擊之。康生性驍勇，有武藝，弓力十石，矢異常箭，為當時所服。從兜為前驅軍主，頻戰陷陳，壯氣有聞，由是為宗子隊主。

　　以上史料表明軍鎮都將地位在軍主之上。

長史　《芒洛冢墓遺文》上《魏岐州刺史於纂墓誌》載：

　　正始元年，轉威遠將軍，平城鎮平北府長史。永平元年，授寧遠將軍、懷朔鎮冠軍府長史。君毗贊二府，服勤九稔。熟蘭庶事，實無停滯。清風遠著，徽譽藉甚。蕃牧敬其能，縉紳欽其美。〔註2〕

　　于纂所任平城鎮平北府長史、懷朔鎮冠軍府長史，應是因平城鎮將、懷朔鎮將所任將軍職而存在的軍府僚佐。

　　《魏書》卷八〇《樊子鵠傳》載：

　　樊子鵠，代郡平城人。其先荊州蠻酋，被遷於代。父興，平城鎮長史，歸義侯。普泰中，子鵠貴顯，乃贈征虜將軍、荊州刺史。

〔註2〕羅振玉，輯：《芒洛冢墓遺文》卷上//《石刻史料新編》第1輯第19冊，臺北：新文豐出版公司，1977年，第13984頁。

樊興任平城鎮長史，執掌平城鎮中行政事務，主管鎮府中屬吏。

司馬　《周書》卷一九《楊忠傳》載：

　　楊忠，弘農華陰人也。小名奴奴。高祖元壽，魏初，為**武川鎮司馬**，因家於神武樹頹焉。

《魏書》卷一四《高涼王孤傳附元璡傳》載：

　　（元璡）位（文成帝至獻文帝時期）柔玄鎮司馬。

《周書》卷三六《王士良傳》載：

　　王士良字君明，其先太原晉陽人也。後因晉亂，避地涼州。魏太武平沮渠氏，曾祖景仁歸魏，為敦煌鎮將。祖公禮，（文成帝至宣武帝時期）平城鎮司馬，因家於代。

軍鎮司馬，為軍鎮中領兵的中下級軍事職官。

參軍　《高建墓誌》云：

　　祖拔，廣昌鎮將、燕州刺史。屯兵蒲類，徸充國之殊勳；都督祁連，追廣明之茂績。父猛，（約孝明帝時期）鄯善鎮錄事參軍。任居心腹，似見取於焚林；職參謀議，如有求於榜道。

錄事參軍，為軍鎮鎮將下屬的重要軍事參謀人員。

監軍　《魏書》卷三〇《王建傳附王度傳》載：

　　（王）度，太宗時為虎牢鎮監軍。

監軍，應作為軍鎮中監察軍務的中層職官。

門士　《魏書》卷四四《薛野朏傳附薛虎子傳》載：

　　太安中，遷內行長，內奏諸曹事。當官正直，內外憚之。及文明太后臨朝，出虎子為枋頭鎮將。虎子素剛簡，為近臣所疾，因小過黜為鎮門士。

門士，為軍鎮中最基層屬吏。

以上是從有關北朝史籍與墓誌，展開對北魏軍鎮機構的探討。另據《隋書》卷二七《百官志中》所載：

　　後齊制官，多循後魏。

　　三等諸鎮，置鎮將、副將，長史，錄事參軍，倉曹、中兵、長流、城局等參軍事，鎧曹行參軍，市長，倉督等員。

　　三等戍，置戍主、副，掾，隊主、副等員。

據史籍所載北齊多遵循北魏官制的史實，北齊軍鎮下屬職官在北魏時期

亦應存在。至此可以看出，北魏軍鎮機構規模龐大，不同分支機構各司其職。

由上述關於北魏軍鎮職官的探討，可以看出，正史文獻與墓誌關於北魏軍鎮機構的敘述是極為零散而非完整的，進而給我們瞭解北魏軍鎮的具體結構框架帶來了不便。但由於北魏各地軍鎮職官設置相同，所以，我們可從所搜集的史料中來還原北魏軍鎮完整的機構框架。通過以上關於北魏各軍鎮職官的論述，可瞭解到北魏軍鎮機構存在兩個系統，鎮將所任將軍職的軍府系統與軍鎮本身的鎮府系統。

鎮將所任將軍職的軍府系統。 據史籍，北魏官員外任地方軍鎮鎮將，常被授予高品級將軍號，以提升地位與加重職權，如《魏書》卷五一《韓茂傳附韓天生傳》所載孝文帝時期，韓天生「出為持節、平北將軍、沃野鎮將」。既然出鎮地方的官員被授予將軍職，軍府僚佐系統自然會順勢產生，以處理與軍府相關事務。前述《于景墓誌》所云宣武帝永平元年，于景任平城鎮平北府長史；永平元年，于景任懷朔鎮冠軍府長史，具體而言，就是平城鎮鎮將所任平北將軍之軍府的長史、懷朔鎮鎮將所任冠軍將之軍府的長史。需要注意的是，官員外任地方軍鎮鎮將，其主要職責為統率軍鎮內士兵、防禦外敵與平定內亂，鎮將主要依託軍鎮本身的鎮府機構來履行職責。所以，隸屬軍鎮鎮將的軍府系統在整個軍鎮機構中只佔據從屬地位。

軍鎮本身的鎮府系統。 鎮將做為鎮府系統中的最高長官；副將做為鎮將的輔佐；長史、省事、戶曹史、功曹史、函使等做為鎮府中的文職性官員，處理鎮府中行政事務；別將、戍將、軍將、都將等，率軍鎮守軍鎮鎮城或者鎮戍軍鎮基層防禦區；統軍、軍主、隊主，亦統率部分軍隊，活動於鎮城或者軍鎮內的基層防禦區；參軍，做為鎮將的高級軍事參謀；監軍，應是北魏統治者派駐軍鎮、履行監督軍鎮事務的官員。由此來看，北魏軍鎮機構建置可謂非常完善，反映出北魏統治者對軍鎮的管理是非常重視的。在軍鎮機構規模適中的情況下，軍鎮機構對軍鎮管理的效率與實質作用得到一定程度的提高與保障。進而可言，鎮府系統在整個軍鎮機構中佔據核心地位。

《魏書》卷一一三《官氏志》載：

> （神麚元年）七月，詔諸征鎮大將依品開府，以置佐吏。

上述史料反映出，鎮將可以依據所任將軍職品級的不同，同時結合軍鎮的規模以及軍鎮事務的繁忙程度來設置鎮府中相關職官、決定鎮府屬吏的規模。北魏六鎮，乃北魏國防重鎮，六鎮的堅守與否，事關北魏北部邊疆、代北

舊都形勢的穩定，因此，六鎮可謂北魏眾多軍鎮中的核心軍鎮，其重要性行不言而喻。所以，為確保六鎮日常軍政的有效運轉，六鎮鎮府機構規模、人員設置自然要超越於其他軍鎮，而史籍所記載的六鎮中的核心軍鎮懷朔鎮機構設置之詳細與完善，就是從軍鎮鎮府機構規模窺探軍鎮本身地位高低的鮮明事例。

《魏書》卷四一《源賀傳附源懷》載宣武帝時期，源懷視察北方軍鎮後，就北方軍鎮存在的弊端及應對策略，向宣武帝上奏：

> 景明以來，北蕃連年災旱，高原陸野，不任營殖，唯有水田，少可藉救。然主將參僚，專擅腴美，瘠土荒疇給百姓，因此困弊，日月滋甚。諸鎮水田，請依地令分給細民，先貧後富，若分付不平，令一人怨訟者，鎮將已下連署之官，各奪一時之祿，四人已上奪祿一周。北鎮邊蕃，事異諸夏，往日置官，全不差別。沃野一鎮，自將已下八百餘人，黎庶怨嗟，歛曰煩猥。邊隅事尠，實少畿服，請主帥吏佐五分減二。

以上反映出北魏宣武帝時期，六鎮中的沃野鎮，機構達到極為臃腫的程度。而鎮府機構的無限擴張，會引起軍政運轉效率降低、開支增加等弊端，最終影響沃野鎮在防禦漠北、固守邊疆方面作用的發揮。

表 3.1 北魏軍鎮組織機構圖

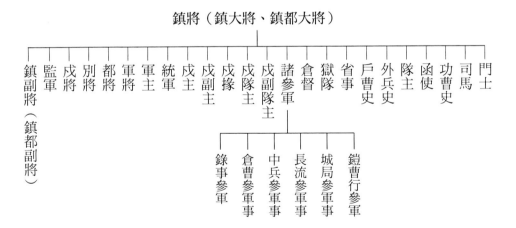

鎮將（鎮大將、鎮都大將）

鎮副將（鎮都副將）　監軍　戍將　別將　都將　軍將　軍主　統軍　戍主　戍副主　戍隊主　戍副隊主　諸參軍　倉督　獄隊　省事　戶曹史　外兵史　隊主　函使　功曹史　司馬　門士

錄事參軍　倉曹參軍事　中兵參軍事　長流參軍事　城局參軍事　鎧曹行參軍

第四章　北魏軍鎮鎮將族屬與家世出身、仕宦發展

　　本部分通過對《魏書》、《北齊書》、《周書》、《北史》、《隋書》、《新唐書》等正史文獻以及《漢魏南北朝墓誌彙編》、《新出魏晉南北朝墓誌疏證》、《秦晉豫新出墓誌蒐佚》、《洛陽出土少數民族墓誌彙編》等墓誌文獻，將北魏軍鎮鎮將任職者列於表 4.1。

表 4.1　北魏軍鎮鎮將資料概要

姓名	族屬、家世出身	任軍鎮鎮將前所任職官	所任職軍鎮	任軍鎮鎮將時間	任職鎮將期間事蹟	卸職鎮將後的遷轉	資料來源
拓跋長壽	北族。北魏宗室、血緣近親，景穆帝拓跋晃之裔孫。	征西大將軍、外都大官。	沃野鎮	約獻文帝至孝文帝前期	「性聰惠，善撫接，在鎮甚有威名。」		《魏書》卷一九下《景穆十二王下·城陽王長壽傳》
韓天生	漢族，安定豪族，赫連夏降臣之裔。「安定安人……著……永興中，自赫連昌來降，拜綏遠將軍、遷龍驤將軍、常山太守、假安武侯。仍居常山之九門」。	內廄令，龍牧曹。	沃野鎮	約獻文帝至孝文帝前期			《魏書》卷五一《韓茂傳附韓天生傳》
于祚	北族，出身於北魏勛臣八姓于氏家族，屬於勛臣貴戚子弟，亦屬北魏外戚。		沃野鎮	約孝文帝時期	「貪殘多所受納」。		《魏書》卷三一《于栗磾傳附于祚傳》

姓名	族屬／身分	先前官職	鎮	時期	事蹟	官職	資料來源
孟威	北族，北族中下層貴族子弟。	東宮齊帥，羽林監；著作郎；鎮遠將軍、前軍將軍、左右直長，龍驤將軍；城門校尉、直閣將軍。	沃野鎮	宣武帝時期		散騎常侍；平北將軍、光祿大夫，假祿大夫，假員外常侍；撫軍將軍。	《魏書》卷四四《孟威傳》
慕容契	北族，前燕皇室之裔。	中散；遷宰官令；太中大夫、光祿少卿，營州大中正；征虜將軍、營州刺史。	沃野鎮	宣武帝時期	執掌沃野、薄骨律二鎮軍政事務。	平城鎮將，又執掌懷荒、懷朔二鎮軍政事務，征虜將軍。	《魏書》卷五○《慕容白曜傳附慕容契傳》
于勁	北族，出身於北魏勳臣八姓于氏家族，屬於勳臣貴戚子弟，亦屬北魏外戚。		沃野鎮	宣武帝時期	「頗有武略」，「以功臣子，位沃野鎮將，賜爵富昌子，拜征虜將軍」。	征北將軍、定州刺史。	《魏書》卷八三下《外戚下·于勁傳》
慕容昇	北族，前燕皇室之裔。	建興太守	沃野鎮	宣武帝至孝明帝時期	「甚得邊民情」。		《魏書》卷五○《慕容白曜傳附慕容昇傳》
司馬文思	漢族，東晉宗室，降附北魏的司馬休之之子。	廷尉卿。「世祖以文思為假節、征南大將軍、進爵譙王，督洛豫諸軍南趣襄陽，邀其歸路」。	懷朔鎮	太武帝太平真君時期為後期至文成帝興安初期			《魏書》卷三七《司馬休之傳附司馬文思傳》

姓名	族屬	官職	軍鎮	時期	事蹟	出處
可朱渾野臚	北族,遼東東胡系部落渠帥之裔。		懷朔鎮	約太武帝至文成帝時期		《北齊書》卷二七《可朱渾元傳》
劉天興	漢族,定州中山人,蒙族劉氏之裔。自云「惠帝第三子中山靖王之胤」。		懷朔鎮	約孝文帝延興至太和中期		《劉滋墓誌》//《全北魏東魏西魏文補遺》
拓跋眞	北族,北魏宗室,拓跋遠親,拓跋部落時期首領拓跋鬱律之裔。	代尹	懷朔鎮	孝文帝太和後期	北中郎將,河內太守;度支尚書,侍中,雍州刺史。	《魏書》卷一四《神元平文諸帝子孫·高涼王拓跋孤傳附拓跋眞傳》
拓跋安壽	北族,北魏宗室,血緣近親,拓跋景穆帝拓跋晃之裔。		懷朔鎮	孝文帝太和年間	「累遷鎮懷朔鎮大將,都督三道諸軍事,北討」。	《魏書》卷一九上《景穆十二王上·陽平王新成傳附拓跋安壽傳》
拓跋天賜	北族,北魏宗室,血緣近親,拓跋景穆帝拓跋晃之裔。	鎮南大將軍,虎牢鎮都大將;後為內都大官。征北大將軍,護匈奴中郎將。	懷朔鎮	孝文帝太和年間	「累遷鎮懷朔鎮大將,坐貪殘,恕死,削除官爵」。	《魏書》卷一九上《景穆十二王上·汝陰王天賜傳》
元尼須	北族,北魏宗室,屬於血緣近親或遠親斷不明。		懷朔鎮	宣武帝景明年間	「貪穢狼藉」。	《魏書》卷四一《源賀傳附源懷傳》

姓名	家世出身	戍鎮	官職	任官時期	事蹟	最高官職	史料出處
陸延	北族、出身於北魏勳臣八姓陸氏家族、屬於勳臣貴戚勳子弟。	懷朔鎮	長安鎮將；安南將軍、濟州刺史；徐州刺史府司馬，彭城內史；武川鎮將；太僕卿。	宣武帝時期	「頗有氣幹」，執掌懷朔、沃野、武川三鎮軍政事務。	金紫光祿大夫；太僕卿。	《魏書》卷三○〈陸真傳附陸延傳〉
穆鑠	北族、出身於北魏勳臣八姓穆氏家族、屬於勳臣貴戚勳子弟。	懷朔鎮	東宮庶子；汲郡太守。	宣武帝時期	「在公以威猛見稱」。	東北中郎將；幽、幽、涼三州刺史。	《魏書》卷二七〈穆崇傳附穆鑠傳〉
宇文福	北族、其先祖為南匈奴單于遠屬；後加入鮮卑部落聯盟。為宇文部首領之裔。	懷朔鎮	平遠將軍、南征統軍；太僕少卿；征虜將軍；光祿大夫；東豫州刺史；太僕卿；左衛將軍；散騎常侍、都官尚書、安東將軍、營州大中正；鎮北將軍、瀛州刺史；太僕卿；金紫光祿大夫。	約孝明帝熙平至神龜年間	執掌懷朔、沃野、武川三鎮軍政事務。		《魏書》卷四四〈宇文福傳〉
鮮于寶業	北族、漁陽北族部落貴族之裔。	懷朔		約宣武帝至孝明帝時期			《北齊書》卷四一〈鮮于世榮傳〉

姓名	族屬	官職	鎮	時期	備註	官職	出處
楊鈞	漢族，漢族大族。「自云恆農華陰人」。	廷尉正；長水校尉、中壘將軍、洛陽令；司徒左長史；徐州刺史；東荊州刺史；廷尉卿。	懷朔	孝明帝時期	「所居以強宗著稱」。	撫軍將軍；七兵尚書；北道行臺。	《魏書》卷五八《楊播傳附楊鈞傳》
叔孫協	北族，帝室十姓，為北族上層貴族。	平東大將軍、黃龍鎮將。	懷朔	孝明帝時期			《叔孫協墓誌》//《全北魏東西魏文補遺》
于昕	北族，出身於北魏勳臣八姓于氏家族，屬於勳臣貴戚子弟，亦屬北魏外戚。	員外郎；直後；主衣都統；揚列將軍。	懷朔	孝明帝時期		武川鎮將；中散大夫；輔國將軍、北中郎將；恆州大中正；撫軍將軍、衛尉卿；鎮東將軍、恆州刺史；征東將軍。	《魏書》卷三一《于栗磾傳附于昕傳》
段長	北族，遼西段氏貴族之裔。		懷朔	約孝明帝時期			《北齊書》卷一上《神武帝紀上》
拓跋叱奴	北族，北魏宗室，代國血緣遠親，昭成帝拓跋什翼犍之裔。		武川	太武帝至文成時期			《魏書》卷一五《昭成子孫‧遼西公公意烈傳附拓跋叱奴傳》

	族屬	官職		時期		史料出處
長孫吳兒	北族，帝室十姓，為北族上層貴族。		武川	孝文帝延興至承明年間		《魏書》卷二六《長孫肥傳附長孫吳兒傳》
苟愷	北族，北族中層貴族，勳臣之裔。	柔玄鎮大將；懷荒鎮大將。	武川	孝文帝延興至太和中期		《魏書》卷四四《苟頹傳附苟愷傳》
拓跋蘭	北族，北魏宗室，血緣遠親，拓跋部落首領拓跋鬱律之裔。		武川	孝文帝時期		《魏書》卷一四《神元平文諸帝子孫・河間公齊傳附拓跋蘭傳》
元英	北族，北魏宗室，血緣近親，景穆帝拓跋晃之裔。		武川	孝文帝時期	都督梁益寧三州諸軍事、安南將軍、領護西戎校尉、仇池鎮都大將、梁州刺史。	《魏書》卷一九下《景穆十二王下・南安王楨傳附元英傳》
邢巒山	漢族，河間豪族。	長安鎮將；安南將軍、濟州刺史；徐州刺史府司馬，彭城內史。	武川	約孝文帝至宣武帝時期	「冠軍將軍、武川鎮將。弘功盛烈，聲振漠南。」	《邢阿光墓誌》//《全北齊周文補遺》
陸延	北族，出身於北魏勳臣八姓陸氏家族，屬於勳臣貴戚子弟。		武川	宣武帝正始年間	太僕卿：都督沃野、武川、懷朔三鎮諸軍事、安北將軍、懷朔鎮大將，散騎常侍；金紫光祿大夫；太僕卿。	《魏書》卷三○《陸俟傳附陸延傳》

元奴瓌	北族，北魏宗室，代國昭成帝拓跋什翼犍之裔。		武川	約宣武帝時期			《元誉墓誌》//《全北魏東魏西魏文補遺》
斛律謹	北族，北族敕勒酋長之裔。		武川	宣武帝至孝明帝時期			《北齊書》卷二〇《斛律羌舉傳》
于昕	北族，出身於北魏勳臣八姓于氏家族，屬於勳臣貴胄子弟，亦屬北魏外戚。	員外郎；直後；主衣都統；揚烈將軍；懷朔鎮將。	武川	孝明帝時期		武川鎮將；中散大夫；輔國將軍、北中郎將；恆州大中正、衛將軍、鎮東將軍卿；鎮東將軍；殷，恆州刺史；征東將軍。	《魏書》卷三一《于栗磾傳碑附于昕傳》
元繼	北族，北魏宗室，血緣近親，道武帝拓跋珪之裔。		撫冥	孝文帝太和年間		都督柔玄、撫冥、懷荒三鎮諸軍事，鎮北將軍、柔玄鎮大將；左衛將軍，兼中領軍；持節，平北將軍。	《魏書》卷一六《道武七王·京兆王黎傳附元繼傳》《元纘墓誌》//《全北魏東魏西魏文補遺》
元休	北族，北魏宗室，血緣近親，景穆帝拓跋晃之裔。	使持節、侍中、都督諸軍事、征東大將軍、領護東夷校尉、儀同	撫冥	孝文帝太和年間	「（元）休身先將士，擊廣退之」。	內都大官；太傅。	《魏書》卷一九下《景穆十二王下·安定王休傳》

姓名	族屬、家世	任官	鎮	時期	任官	出處
元業	北族，北魏宗室，血緣近親或遠親暫不明。	三司、和龍鎮將；中都大官。	撫冥	孝文帝太和年間		《魏書》卷二七《穆崇傳》
元篤	北族，北魏宗室、道武帝拓跋珪之裔。血緣近親。	太子右率、北中郎將。	撫冥	約宣武帝至孝明帝時期	平北將軍、幽州刺史。	《魏書》卷一六《道武七王・陽平王熙傳附元篤傳》
奚眞	北族，帝室十姓，為北族上層貴族。		柔玄	約太武帝至文成帝時期		《魏書》卷七三《奚康生傳》
茍頹	北族，北族中層貴族，勳臣之裔。		柔玄	孝文帝延興至太和中期		《魏書》卷四四《茍頹傳附茍憕傳》
元繼	北族，北魏宗室、道武帝拓跋珪之裔。血緣近親。	使持節、安北將軍、撫冥鎮都大將。	柔玄	孝文帝太和年間	都督柔玄、懷荒三鎮諸軍事、鎮北將軍，柔玄鎮大將。左衛將軍，侍中、中領軍；持節、平北將軍。	《魏書》卷一六《道武七王・京兆王黎傳附元繼傳》。《漢魏南北朝墓誌彙編》〈元繼墓誌〉
李兜	漢族，漢族豪族。		柔玄	孝文帝太和年間		《魏書》卷七三《奚康生傳》
豆盧萇	北族，遼東慕容氏之裔。		柔玄	約宣武帝至孝明帝時期		《隋書》卷三九《豆盧勣傳附豆盧萇傳》

姓名	族屬	任職	鎮	時期	任職	出處
宇文永	北族，其先祖為南匈奴單于遠屬，後加入鮮卑部落聯盟。為宇文部首領之裔。		柔玄	約宣武帝至孝明帝時期		《宇文永妻韓氏墓誌》//《全北魏東魏西魏文補遺》
楊□（註1）	漢族，弘農楊氏之裔。	東萊太守；代郡尹；懷荒鎮將。	柔玄	約宣武帝至孝明帝時期	上洛刺史。	《楊又曁妻武氏志》//《隋代墓誌銘匯考》第一冊
元鷙	北族，北魏宗室，血緣近親或遠親皆不明。		柔玄	孝明帝正光年間	「（正光）二年，詔除使持節、都督柔玄懷荒諸軍事、撫軍將軍、柔玄鎮大將……改鎮內外，綏和遠近」。	《元鷙墓誌》//《漢魏南北朝墓誌彙編》
陸俟	北族，出身於北魏勳臣八姓陸氏家族，屬於勳臣貴戚子弟。	龍驤將軍、給事中；冀州刺史；都督洛豫二州諸軍事、龍驤將軍、虎牢鎮大將；使持節、散	懷荒	太武帝始光至太延年間	散騎常侍；都督秦雍二州諸軍事、平西將軍、長安鎮大將。	《魏書》卷四〇《陸俟傳》

（註1）《楊又曁妻武氏志》載楊又祖父楊□在北魏宣武帝至孝明帝時任職經歷「東萊太守、代郡尹、懷荒成玄二鎮將、上洛刺史」。按《魏書》、北魏時期並無成玄鎮，而楊□任職主要在北魏北方，所以，本文認為，志文所載楊□所任「成玄鎮將」應為柔玄鎮將。

姓名	家世出身	官職	鎮	時期			史料出處
拓跋比陵	北族，北魏宗室，血緣近親，道武帝拓跋珪之裔。	騎常侍、平西將軍，安定鎮大將；散騎常侍	懷荒	太武帝太平真君年間			《魏書》卷一六〈道武七王‧陽平王熙傳附拓跋比陵傳〉
拓跋建	北族，北魏宗室，血緣遠親，代國昭成帝拓跋什翼犍之裔。		懷荒	約太武帝至文成帝時期			《魏書》卷一五〈昭成子孫‧陳留王虔傳附拓跋建傳〉
李寶	漢族，隴西李氏，西涼皇室後裔。	持節、侍中、都督西垂諸軍事、鎮西大將軍、開府儀同三司、領護西戎校尉、沙州牧、敦煌公，仍鎮敦煌；外都大官；鎮南將軍、并州刺史、內都大官。	懷荒	文成帝時期			《魏書》卷三九〈李寶傳〉
達奚眷	北族，帝室十姓，為北族上層貴族。		懷荒	約文成帝至獻文帝時期			《周書》卷一九〈達奚武傳〉
荀憺	北族，北族中層貴族，勳臣之裔。		懷荒	孝文帝延興至太和中期			《魏書》卷四四〈荀頹傳附荀憺傳〉

姓名	族屬	職官	鎮	時間		文獻
元繼	北族，北魏宗室，血緣近親，道武帝拓跋珪之裔。	使持節、安北將軍、撫冥鎮都大將。轉都督柔玄、撫冥、懷荒三鎮諸軍事、鎮北將軍、柔玄鎮大將。	懷荒	孝文帝太和年間	左衛將軍，侍中、中領軍；持節、平北將軍。	《魏書》卷一六《道武七王‧京兆王黎傳附元繼傳》。《元繼墓誌》//《全北魏東魏西魏文補遺》。
于婆	北族，出身於北魏勳臣八姓于氏家族，屬於勳臣貴戚子弟。		懷荒	約孝文帝至宣武帝時期		《周書》卷一五《于謹傳》。
萬貳	北族，北魏中層貴族。		懷荒	宣武帝時期		《魏書》卷七二《陽尼傳附陽固傳》。
楊囗	漢族，弘農楊氏之裔。	東萊太守；代郡尹。	懷荒	約宣武帝至孝明帝時期	柔玄鎮將；上洛刺史。	《楊又碑暨妻武氏志》//《隋代墓誌銘彙考》第一冊。
于景	北族，出身於北魏勳臣八姓于氏家族，屬於勳臣貴戚子弟；亦屬北魏外戚。	司州從事；步兵校尉；寧朔將軍、高平鎮將、武衛將軍。	懷荒	孝明帝正光年間	「樹德沙漠，綏靖北蕃」。	《魏書》卷三一《于栗磾傳附于景傳》。《于景墓誌》//《全北魏東魏西魏文補遺》。
唐顯安	漢族，漢族豪族。		懷荒	約孝明帝時期		《囗伯超墓誌》//《全北魏東魏西魏文補遺》。

名	族屬	官職	籍貫	時期	評語	官職	資料來源
趙逸	漢族，天水豪族趙氏之裔。	中書侍郎	赤城	太武帝太延至太平真君年間	「綏和荒服，十有餘年，百姓安之。」		《魏書》卷五二《趙逸傳》
梁昷朱	北族，北族中層貴族。		昌平	約獻文帝至孝文帝前期			《周書》卷二七《梁椿傳》
張度	漢族，上谷豪族張氏之裔。	上谷太守；武昌王侍；散騎常侍；使持節、都督幽州廣陽、安樂二郡諸軍事、平東將軍。	嶠城	太武帝時期	「所在著稱」	和龍鎮都大將；中都大官。	《魏書》卷二匹《張袞傳附張度傳》
□隋祖父	北族，北族中層貴族。	揚烈將軍、北營州長史。	北平	約宣武帝後期至孝明帝時期			《□隋墓誌》//《隋代墓誌銘彙考》（第三冊）
奚延	北族，帝室十姓，為北族上層貴族。		凡城	約孝文帝時期			《魏書》卷二九《奚斤傳附奚延傳》
張度	漢族，上谷豪族張氏之裔。	上谷太守；武昌王侍；散騎常侍；使持節、都督幽州廣陽、安樂二郡諸軍事、平東將軍；嶠城鎮都大將。	和龍	太武帝時期	「所在著稱」	中都大官。	《魏書》卷二四《張袞傳附張度傳》
于洛拔	北族，出身於北魏勳臣八姓于氏豪族，屬於勳。	侍御中散；監御曹事；監御曹令；領候宮曹。	和龍	太武帝時期	「治有能名」	外都大官；侍中、殿中尚書；尚書令、侍中。	《魏書》卷三一《于栗磾傳附于洛拔傳》

姓名	族屬		地點	時間	評價	官職	出處
	臣貴戚子弟。						
拓跋雲	北族、北魏宗室、景穆、血緣近親、帝拓跋晃之裔。		和龍	文成帝和平五年至和平六年（464～465）		都督中外諸軍事；中都坐大官。	《魏書》卷一九中《景穆十二王中·任城王雲傳》
拓跋休	北族、北魏宗室、景穆、血緣近親、帝拓跋晃之裔。	征南大將軍；外都大官。	和龍	孝文帝延興至承明年間	「撫防有方，賊乃款附」。	中都大官；使持節、征北大將軍、撫冥鎮大將。	《魏書》卷一九下《景穆十二王下·安定王休傳》
元思譽	北族、北魏宗室、景穆、血緣近親、帝拓跋晃之裔。	鎮北大將軍、征北大都將；使持節、鎮北大將軍、領護匈奴校尉、都督、中軍都將。	和龍	孝文帝延興至太和中期		鎮北將軍、行鎮北大將軍。	《魏書》卷一九下《景穆十二王下·樂陵王胡兒傳附元思譽傳》
拓跋猛	北族、北魏宗室、文成、血緣近親、帝拓跋濬之裔。	侍中。	和龍	孝文帝太和年間	「寬仁雄毅，甚有威略，戎夷畏愛之」。		《魏書》卷二〇《文成五王·安豐王猛傳》
陸真	北族、出身於北魏勳臣八姓陸氏家族，屬於勳臣貴戚子弟。		雲中	太武帝時期			《魏書》卷四〇《陸俟傳附陸宜傳》
朱修之	漢族、劉宋降附者。		雲中	太武帝始光至延和年間			《魏書》卷四三《朱修之傳》
達奚內亦干	北族、帝室十姓，為北族上層貴族。	內行、羽真、散騎常侍；鎮西將軍。	雲中	約太武帝始光至太平真君四年（443）			《奚智墓誌》//《漢魏南北朝墓誌彙編》

	族屬與家世出身	任官	鎮	時間	備註	史料
司馬楚之	漢族，東晉皇族之裔。	使持節、征南將軍、荊州刺史；使持節、安南大將軍。	雲中	太武帝太平真君五年(444)至文成帝和平五年(464)	「在邊二十餘年，以清儉著聞」。	《魏書》卷三七《司馬楚之傳》
司馬金龍	漢族，東晉宗室，降附北魏的司馬楚之之裔。	中書學生；中散；太子侍講；侍中；鎮西大將軍、開府。	雲中	文成帝和平六年(465)至孝文帝太和七年(483)	吏部尚書。	《魏書》卷三七《司馬楚之傳附司馬金龍傳》
司馬躍	漢族，東晉宗室，降附北魏的司馬楚之之裔。	駙馬都尉。	雲中	孝文帝太和八年(484)至太和十八年(494)	祠部尚書；大鴻臚卿；潁川王。	《魏書》卷三七《司馬楚之傳附司馬躍傳》
鄭羲	漢族，滎陽大族鄭氏之裔。		白道	約獻文帝時期		《鄭文尚墓誌》//《漢魏南北朝墓誌彙編》
元淑	北族、北魏宗親、代國遠親血緣昭成帝拓跋什翼犍之裔。		平城	約孝文帝時期		《北史》卷一五《昭成子孫·常山王遵傳附元淑傳》
慕容契	北族、前燕宗室之裔。	正始初，除征虜將軍、營州刺史；徙都督沃野、薄骨律二鎮諸軍事、沃野鎮將。	平城	宣武帝正始至延昌年間	都督懷夷、懷荒二鎮諸軍事、平城鎮將，征虜將軍；都督朔州、沃野、懷朔、武川三鎮諸軍事、後將軍，朔州刺史。	《魏書》卷五〇《慕容白曜傳附慕容契傳》

姓名	族屬	官職	地點	時期	事蹟		出處
元朗	北族，北魏宗室血緣近親，明元帝拓跋嗣之裔。		平城	宣武帝永平三年至孝明帝神龜二年	「朝廷以平城舊都，形勝之會，南據桑乾之前，東連鴈貊之左，保境寧民，寶擬賢戚；乃除君持節征虜將軍、平城鎮將。君遂奮夷狄以威權，導民庶以禮信。凶時十餘年間，奴不敢南面如坐者，殆君之由矣」。		《元朗墓誌》//《漢魏南北朝墓誌彙編》
樓寶	北族，部落酋帥之裔。	太子宮門大夫；趙郡太守；冠軍將軍、城門校尉。	平城	約孝明帝時期		朔州刺史、征虜將軍；衛尉少卿。	《魏書》卷三〇《樓伏連傳附樓寶傳》
元度和	北族，北魏宗室血緣遠親，拓跋部落首領拓跋鬱律之裔。	散騎常侍；外都大官。	度斤	約太武帝至獻文帝時期			《元龍墓誌》//《漢魏南北朝墓誌彙編》
拓跋喝洛侯	北族，北魏宗室，血緣近親或遠親暫不明。	使持節、龍驤將軍、雍州刺史；外都大官。	賀延	約太武帝時期			《元寧墓誌》//《漢魏南北朝墓誌彙編》

姓名	族屬與家世出身	任鎮將前官職	鎮名	時期	任鎮將後官職	史料出處
元倪	北族，北魏宗室，血緣近親或遠親暫不明。		賀侯延	孝文帝太和十五年（491）至太和十九年（495）	城門校尉；太中大夫。	《元倪墓誌》//《漢魏南北朝墓誌彙編》
陸奐	北族，出身於北魏勳臣八姓陸氏家族，屬於勳臣貴戚子弟。		離石	道武帝皇始年間（396～397）		《魏書》卷四〇《陸俟傳》
奚受真	北族，帝室十姓，為北族上層貴族。	龍驤將軍；給事中。	離石	文成帝時期		《魏書》卷二九《奚斤傳附奚受真傳》
谷季孫	漢族，昌黎豪族。	中書學生；秘書中散；中部大夫。	吐京	太武帝時期		《魏書》卷三三《谷渾傳附谷季孫傳》
拓跋陵	北族，北魏宗室血緣遠親、代國昭成帝拓跋什翼犍之裔。	羽真；尚書；冠軍將軍。	吐京	約文成帝至獻文帝時期		《元平墓誌》//《漢魏南北朝墓誌彙編》
穆熊	北族，出身於北魏勳臣八姓穆氏家族，屬於勳臣貴戚子弟。	駙馬都尉；虎牢鎮將。	吐京	孝文帝時期	汾州刺史：鎮北將軍、燕州刺史、都督夏州、高平鎮諸軍事、鎮北將軍、夏州刺史；侍中、中書監。	《魏書》卷二七《穆崇傳附穆熊傳》

姓名	族屬	官職	地點	約時期	官職（鎮）	史料
宇文胡活拔	北族，其先祖為南匈奴單于遠屬，後加入鮮卑部落聯盟。為宇文部首領之裔。		六壁	約孝文帝時期		《叔孫協墓誌》//《漢魏南北朝墓誌彙編》
杜洪太	漢族，京兆大族杜氏之裔。	中書博士；安遠將軍，下邳太守；梁郡太守。	絳城	孝文帝太和年間	新昌、陽平太守。	《魏書》卷四五《杜銓傳附杜洪太傳》
于栗磾	北族，出身於北魏勳臣八姓于氏家族。	鎮遠將軍、河內鎮將；豫州刺史、鎮遠將軍、安南將軍。	蒲坂	太武帝始光四年（427）至延和三年（434）	虎牢鎮大將，督河內軍；使持節、都督兗相二州諸軍事、鎮南將軍、枋頭都將；外都大官。	《魏書》卷三一《于栗磾傳》
王斤	漢族，廣寧豪族。		蒲坂	太武帝時期		《魏書》卷三○《王建傳附王斤傳》
薛修義	河東蜀薛。	司州法曹從事；徐州墨曹參軍。	龍門	孝明帝正光末期至孝昌年間		《北齊書》卷二○《薛修義傳》
薛鳳賢	河東蜀薛。		稷山	孝明帝孝昌年間		《北齊書》卷二○《薛修義傳》
叔孫建	北族，帝室十姓，為北族上層貴族。	外朝大人；後將軍；都水使者；中領軍；龍驤將軍、并州刺史；正直將軍、相州刺史。	廣阿	明元帝時期	使持節、都督前鋒諸軍事、楚兵將軍、徐州刺史。	《魏書》卷二九《叔孫建傳》

姓名	族屬	官職	郡望	時期	評語	官職/事蹟	出處
費于	北族，北族中下層貴族，赫連夏降臣之裔。		廣阿	太武帝時期			《魏書》卷四四《費于傳》
韓均	漢族，安定豪族，赫連夏降臣之裔。	侍御中散、寧朔將軍；金部尚書；散騎常侍；使持節、寧朔將軍、侍、寧州刺史；定州刺史；青冀二州刺史。	廣阿	獻文帝時期		定州刺史。	《魏書》卷五一《韓茂傳附韓均傳》
拓跋拔干	北族，北魏宗室，血緣遠親，代國昭成帝拓跋什翼犍之裔。	渤海太守。	平原	明元帝時期	「得將士心」。		《魏書》卷一五《昭成子孫・遼西公意烈傳附拓跋拔干傳》
侯剛祖父	漢族，上谷豪族。		平原	約太武帝時期	「世號縺偅，功著淮濟」。		《侯剛墓誌》//《漢魏南北朝墓誌彙編》
叔孫建	北族，帝室十姓，為北族上層貴族。	外朝大人；後將軍；都水使者；中領軍；龍驤將軍；并州刺史；正直將軍、相州刺史；廣阿鎮大將；使持節、都督前鋒諸軍事、楚兵將軍、徐州刺史。	平原	太武帝始光四年（427）至太延三年（437）	「在平原十餘年，綏懷內外，甚得邊稱，魏初名將尠有及之。南方憚其威略，青死，不為寇」。	征南大將軍、都督冀青徐濟四州諸軍事。	《魏書》卷二九《叔孫建傳》

姓名	族屬	地點	時間	事蹟	出處
穆翰	北族，出身於北魏勳臣八姓穆氏家族，屬於勳臣貴戚子弟。	平原	約太武帝時期		《魏書》卷二七《穆崇傳附穆翰傳》
拓跋提	北族，北魏宗室，血緣近親，道武帝拓跋珪之裔。	平原	太武帝時期	「使持節、鎮東大將軍、平原鎮都大將。在任十年，大著威名。」	《魏書》卷一六《道武七王·河南王曜傳附拓跋提傳》
閭阿各頭	北族，降附北魏的柔然王族之裔	平原	約獻文帝至孝文帝時期		《閭炫墓誌》//《漢魏南北朝墓誌彙編》
杜道雋	漢族，漢族豪族，具體籍貫暫不明。	枋頭	太武帝太平真君後期		《魏書》卷四下《太武帝紀下》
薛虎子	北族，北族中下層貴族。「(薛虎子祖父)達頭，自姚萇率率部落歸國。」	枋頭	獻文帝天安至皇興年間（466～470）、孝文帝延興元年至承明元年（471～476）	獻文帝至孝文帝前期，薛虎子兩次任枋頭鎮將。「相州民孫海等五百餘人，稱虎子在鎮之日，土境清晏，訴乞虎子。」	《魏書》卷四四《薛野䐯傳附薛虎子傳》
于栗磾	北族，出身於北魏勳臣八姓勳臣家族。	河內	明元帝時期	安南將軍；蒲坂鎮將；虎牢鎮大將；使持節、都督兗相二州諸……「撫導新邦，甚有威惠。」	《魏書》卷三一《于栗磾傳》

姓名	家世身分	官職	鎮	時期	事蹟	官職（續）	史料出處
羅結	北族、北魏中層貴族。		河內	明元帝時期		軍事、鎮南將軍、枋頭都將；外都大官。	《魏書》卷四四《羅結傳》
拓跋素	北族、北魏宗室。血緣遠親，昭成帝拓跋什翼犍之裔。	外都大官。	統萬（亦稱統萬突）	太武帝始光四年（427）至延和年間	「（太武帝）平統萬，以素有威懷之略，拜假節、征西大將軍以鎮之。」	侍中、外都大官，「總三十六曹事。」	《魏書》卷一五《昭成子孫·常山王遵傳附拓跋素傳》。《元昭（元幼明）墓誌》
豆代田	北族、北魏中層貴族。	散騎常侍、右衛將軍；內都大官；殿中尚書；太子太保。	統萬	太武帝太延二年（436）至太平真君前期		內都大官。	《魏書》卷三〇《豆代田傳》
樓伏連	北族、北魏中層貴族。「代人也。」世為酋帥。	中山太守；晉兵將軍、并州刺史；內都大官；衛尉；光祿勳；平南大將軍。	統萬	太武帝太平真君後期	「假節、督河西諸軍、鎮西大將軍，出鎮統萬。」		《魏書》卷三〇《樓伏連傳》
拓跋遺嬪	北族、北魏宗室。血緣遠親，昭成帝拓跋什翼犍之裔。		統萬	太武帝時期		秦州刺史。	《魏書》卷一五《昭成子孫·陳留王虔傳附拓跋遺嬪傳》

姓名	族屬	軍鎮職官	軍鎮	任職時間	其他職官	史料出處
拓跋提	北族，北魏宗室，血緣近親，道武帝拓跋珪之裔。	使持節、鎮東大將軍、平原鎮都大將。	統萬	太武帝太平真君後期至文成帝興光年間	「使持節、車騎大將軍、大將軍、統萬鎮都大將」。	《魏書》卷一六《道武七王·河南王曜傳附拓跋提傳》
拓跋惠壽	北族，北魏宗室，血緣近親或遠親暫不明。		統萬	文成帝興安元年（452）		《魏書》卷五《文成帝紀》
竇羅	漢族，大安素族。		統萬	約獻文帝至孝文帝前期		《北齊書》卷五《竇泰傳》
閭虎皮	降附北魏的柔然王族之裔。		統萬	孝文帝延興二年（472）		《魏書》卷七上《孝文帝紀上》
元太興	北族，北魏宗室，景穆帝拓跋晃之裔。	長安鎮都大將；秘書監。	統萬	約孝文帝太和前期	夏州刺史；衛尉卿。	《魏書》卷一九上《景穆十二王上·京兆王子推傳附元太興傳》
元彬	北族，北魏宗室，血緣近親，景穆帝拓跋晃之裔。	使持節、都督東秦豳夏三州諸軍事、鎮西大將軍、西戎校尉。	統萬（亦稱統萬突）	約孝文帝太和前期	朔州刺史；持節、假平北將軍、汾州刺史；征慶將軍、汾州刺史。	《魏書》卷一九下《景穆十二王下·章武王太洛傳附元彬傳》。《元融墓誌》、《元舉（元景升）墓誌》、《元湛（元景興）墓誌》。

姓名	族屬	任官	籍貫	時期		遷任	出處
周觀	北族，帝室十姓，為北族上層貴族。	軍將長史；軍將；北鎮都副將；雲中鎮都將；雲中鎮將散騎常侍。	高平	太武帝時期	「善撫士卒，號有威名」。	內都大官；平南將軍、秦州刺史。	《魏書》卷三○《周觀傳》
苟莫于	北族，北族中層貴族。		高平	文成帝時期			《魏書》卷五一《皮豹子傳》
奚陵	北族，帝室十姓，為北族上層貴族。		高平	孝文帝延興年間			《魏書》卷一九上《景穆十二王‧汝陰王天賜傳》
郎育	漢族，漢族豪族。		高平	宣武帝時期			《魏書》卷五八《楊播傳附楊椿傳》
張顯明	漢族，閹官養子。	員外常侍、衛尉少卿。	高平	孝明帝正光三年（522）			《魏書》卷九四《閹官‧張祐傳附張顯明傳》
于景	北族，出身於北魏勳臣八姓于氏家族，屬於勳臣貴戚子弟。	司州從事；步兵校尉。	高平	孝明帝時期		征虜將軍、懷荒鎮將。	《魏書》卷三一《于栗磾傳附于景傳》
李順	漢族，趙郡大族李氏。	中書博士；中書侍郎；後軍將軍；奮威將軍；左軍將軍；前將軍；給事黃門侍郎；散騎侍郎；散騎常侍；	長安	太武帝始光至神䴥年間（424～431）		四部尚書、散騎常侍。	《魏書》卷三六《李順傳》

姓名	族屬	官職	地點	時期	史料記載	資料來源
陸俟	北族，出身於北魏勳臣八姓陸氏家族，屬於勳臣貴戚子弟。	侍郎；龍驤將軍；給事中；冀州刺史、龍驤將軍；都督洛豫二州諸軍事、龍驤將軍、虎牢鎮大將；散騎常侍、平西將軍、安定鎮大將；使持節、平東將軍、懷荒鎮大將；散騎常侍、平西將軍、寧西將軍。 征虜將軍；四部尚書；大常；使持節、都督秦雍梁益四州諸軍事、寧西將軍、開府。	長安	太武帝時期	「都督秦雍二州諸軍事、平西將軍、長安鎮大將」。 「遷內都大官……世祖以威恩被於關中，詔以本官加都督秦雍諸軍事、鎮長安」。 「世祖大悅，徵俟還京師、轉外都大官，散騎常侍如故」。	《魏書》卷四○《陸俟傳》
竇瑾	漢族，頓丘豪族竇氏。	中書博士；中書侍郎；寧遠將軍；秘書監；冠軍將軍；西部尚書。	長安	太武帝時期	「初定三秦，人猶去就，拜使持節、散騎常侍、都督秦雍二州諸軍事、長安鎮將、毗陵公。在鎮八年，甚著威惠」。 殿中、都官尚書；散騎常侍；殿中、都官尚書；司徒。	《魏書》卷四六《竇瑾傳》

羅斤	北族，北族中層貴族。「其先世領部落，為國附臣」。	侍御中散；散騎常侍、侍中、四部尚書，平四將軍。	長安	太武帝時期	「會蠕蠕侵境，馳驛徵還，除柔玄鎮都大將。後以斤機辯，救與王俊使蠕蠕，迎女備後宮。又以本將軍開府，為長安鎮都大將。」	《魏書》卷四四《羅結傳附羅斤傳》
拓跋範	北族，北魏宗室，魏宗室血緣近親、明元帝拓跋嗣之裔。		長安	太武帝時期	「世祖以長安形勝之地，非範莫可任者，乃拜範都督五州諸軍事、衛大將軍、開府儀同三司，長安鎮都大將。以為高選才能。範謙恭惠下，推心撫納，百姓稱之」。	《魏書》卷一七《明元六王·樂安王範傳》》/《元尚之墓誌》//《漢魏南北朝墓誌彙編》
王斤	北族，廣寧北族豪族。	備兵將軍，蒲坂鎮將。	長安	太武帝時期	「關隴平，斤從鎮長安，假節，鎮西將軍。斤遂驕矜，不順法度，信用左右，調役百姓，民不	《魏書》卷三○《王建傳附王斤傳》

姓名	族屬	職官	地點	時期	事蹟	職官	史料出處
王度	北族，廣寧北族豪族。	虎牢鎮監軍；殿中給事；尚書；散騎常侍、平南將軍。	長安	太武帝時期	堪之，南奔漢川者數千家」。「後出鎮長安，假節、都督秦、涇、梁、益、雍五州諸軍事、開府」。		《魏書》卷三○《王建傳附王度傳》
奚眷	北族，帝室十姓，為北族上層貴族。	尚書；虎牢鎮將。	長安	太武帝時期		尚書。	《魏書》卷三○《奚眷傳》
拓跋良	北族，北魏宗室，血緣近親，明元帝拓跋嗣之裔。		長安	文成帝時期	「高宗時，襲王。拜長安鎮都大將，雍州刺史」。	內都大官。	《魏書》卷一七《明元六王·樂安王範傳附拓跋良傳》。《元尚之墓誌》//《漢魏南北朝墓誌彙編》
拓跋子推	北族，北魏宗室，血緣近親，景穆帝拓跋晃之裔。	侍中	長安	文成帝時期	「位侍中、征南大將軍、長安鎮都大將。子推性沉雅，善於綏接，秦雍之人，服其威惠」。	中都大官；侍中。	《魏書》卷一九上《景穆十二王上·京兆王子推傳》。《元液墓誌》//《漢魏南北朝墓誌彙編》
李惠	漢族，中山大族，獻文帝時期外戚。	散騎常侍、侍中、征西大將軍、秦益二州刺史。	長安	獻文帝時期	「雍州刺史、征南大將軍、加長安鎮大將……歷政有美績」。	開府儀同三司、青州刺史。	《魏書》卷八三上《外戚上·李惠傳》

萬振	北族，北族中層貴族，禹族部落首領之裔。	駙馬都尉；散騎常侍。	長安	獻文帝時期			《魏書》卷三四《萬安國傳》
源思禮	北族，北族貴族，南涼皇室之裔。源思禮先祖源賀任太武帝時歸附北魏。	侍御中散；征南將軍；殿中尚書。	長安	獻文帝時期	「出為長安鎮將、雍州刺史。善於撫恤，清儉有惠政，劫盜息止。流民皆相率來還」。	殿中尚書、侍中；尚書令；司州刺史；衛大將軍；征北大將軍、夏州刺史；都督雍、岐東秦諸軍事、征西大將軍、雍州刺史。	《魏書》卷四一《源賀傳附源思禮傳》
拓跋道符	北族，北魏宗親，血緣近親，太武帝拓跋燾之裔。	中軍大將軍。	長安	獻文帝天安年間	「皇興元年，謀反，司馬段太陽討斬之，傳首京師」。		《魏書》卷一八《太武五王·東平王翰傳附拓跋道符傳》
陸真	北族，出身於北魏勳臣八姓家族，屬於勳臣貴戚子弟。	內三郎；建武將軍；給事中；散騎常侍、選部尚書；寧西將軍。	長安	文成帝至獻文帝時期	兩次任長安鎮將。「長安兵民，素伏威信，真到，撫慰之，皆恰然安靜」。		《魏書》卷三○《陸真傳》
吐谷渾豐	北族，北族貴族，吐谷渾王室之裔。		長安	獻文帝至孝文帝時期		洛州刺史；南中郎將。	《吐谷渾靜媚墓誌》《吐谷渾璣墓誌》/《漢魏南北朝墓誌彙編》

姓名	族屬背景	任官地	時期	記載	官職	出處
陸延	北族，出身於北魏勳臣八姓陸氏家族，屬於勳臣貴戚子弟。	長安	孝文帝時期	「累遷爲長安鎮將」。	安南將軍、濟州刺史；徐州刺史府司馬；武川鎮將；都督沃野、武川、懷朔三鎮諸軍事，安北將軍、懷朔鎮大將；散騎常侍；金紫光祿大夫；太僕卿。	《魏書》卷三〇《陸真傳附陸延傳》
王定州	北族，自云京兆人，北族中層貴族。	長安	孝文帝延興年間			《魏書》卷三四《王洛兒傳附王定州傳》
陳提	漢族，漢族豪族。	長安	孝文帝太和初期			《魏書》卷二一《于栗磾傳附于烈傳》
元大興	北族，北魏宗室，血緣近親，景穆帝拓跋晃之裔。	長安	孝文帝時期	「以贓貨，削除官爵」。	秘書監；統萬鎮將；夏州刺史；衛尉卿。	《魏書》卷一九上《景穆十二王上·京兆王子推傳附元大興傳》
元楨	北族，北魏宗室，血緣近親，景穆帝拓跋晃之裔。征南大將軍、中都大官；內都大官。「高祖即位，除涼州鎮都大將。」	長安	孝文帝時期	「出為使持節、侍中、本將軍、開府、長安鎮都大將、雍州刺史」。	鎮北大將軍、相州刺史。	《魏書》卷一九下《景穆十二王下·南安王楨傳》

姓名	族屬	任官	地點	時期	事蹟	出處
		將，尋以綏撫有能，加都督西戎諸軍事、征西大將軍、領護西域校尉，儀同三司、涼州刺史。」內都大官。				
元雲	北族，北魏宗室，血緣近親，景穆帝拓跋晃之裔。	使持節、侍中、征東大將軍、和龍鎮都大將；都督中外諸軍事；中都坐大官；征西大將軍；都督徐兗二州緣淮諸軍事、征東大將軍、開府、徐州刺史；侍中、中都大官、冀州刺史，征東大將軍。	長安	孝文帝時期	「高祖嘉之，遷使持節、都督陝西諸軍事、征南大將軍、長安鎮都大將、雍州刺史。雲廉謹自修，留心庶獄，挫抑豪強，群盜息止。」	《魏書》卷一九中《景穆十二王中‧任城王雲傳》
安國	北族，北族中層貴族，遼東胡族之裔。	冠軍將軍	杏城	太武帝時期		《魏書》卷三〇《安同傳附安國傳》
郁溫	漢族，漢族豪族。		杏城	太武帝時期		《魏書》卷四五《韋閬傳》

姓名	族屬出身	軍鎮職官	軍鎮	時期	史料記載	其他職官	史料出處
尉拔	北族，出身於北魏勳臣八姓，屬於勳臣貴戚子弟。	虎賁帥；千人軍將；涼州軍將；晉昌鎮將。	杏城	文成帝時期	「在任九年，大收民和。山民一千餘家、上郡徒各、盧水胡八百餘落，盡附為民。」	北征都將；懸瓠鎮將，加員外散騎常侍；平南將軍、北豫州刺史。	《魏書》卷三○《尉拔傳》
延普	北族，北族中層貴族。		安定	太武帝神䴥四年（431）			《魏書》卷四上《太武帝紀上》
陸俟	北族，出身於北魏勳臣八姓，屬於勳臣貴戚子弟。	侍郎；內侍；龍驤將軍、給事中；冀州刺史；都督二州諸軍事、龍驤將軍、虎牢鎮大將。	安定	太武帝時期	「懷柔羌戎，莫不歸附」	平東將軍、懷荒鎮大將。	《魏書》卷四○《陸俟傳》
公孫國	漢族，遼東襄平豪族。	寧遠將軍、平秦、武都二郡太守。	雍城	太武帝時期			《公孫猗墓誌》//《漢魏南北朝墓誌彙編》
和歸	北族，北族中層貴族。「代人也。世領部落，為國附臣。」	統萬將軍；龍驤將軍。	雍城	太武帝時期	「使持節、冠軍將軍、雍城鎮都大將」。		《魏書》卷二八《和跋傳附和歸傳》
劉藻	漢族，江南降附者。	南部主書；北地太守。	雍城	獻文帝時期	「先是氐豪徐成、楊黑等驅逐鎮將，故以藻代。」	離城鎮將；岐州刺史；秦州刺史。	《魏書》卷七○《劉藻傳》

姓名	族屬	任官	鎮	時期	歷官	事蹟	出處
張那	漢族，上谷豪族。		雍城	獻文帝時期		之。至鎮，擒獲成、黑等，斬之以徇，群氐震懾」。	《魏書》卷二四《張兗傳附張那傳》
達奚長	北族，帝室十姓，為北族上層貴族。		汧城	孝文帝後期至宣武帝時期			《周書》卷九《達奚武傳》
元勿頭	北族，北魏宗室，血緣近親或遠親皆不明。		上邽	太武帝太延五年（439）			《魏書》卷四上《太武帝紀上》
趙俊	漢族，漢族豪族。		隴西	宣武帝永平三年（510）			《魏書》卷八《宣武帝紀》
薛繼	河東蜀薛。	尚書郎；秦州刺史、鎮遠將軍。	隴西	孝明帝時期	榮陽太守；平北將軍、肆州刺史；持節、光祿大夫、假安南將軍、西道別將、撫軍將軍、汧城大都督。	「隴西鎮將，帶隴西太守」。	《魏書》卷六一《薛安都傳附薛繼傳》
皮豹子	漢族，漁陽豪族。	侍御中散；內侍左右；散騎常侍、冠軍將軍；	仇池	太武帝太平真君三年至九年（442～448）		「真君三年，劉義隆遣將裴方明等侵南秦王」	《魏書》卷四下《太武帝紀下》、《魏書》卷

姓名	族屬	地點	時期	職官／事蹟	出處
				選部尚書；使持節、侍中、都督梁四州秦雍荊諸軍事、開府儀同三司；征西將軍。楊難當，遂陷仇池。世祖徵拜使持節、督仇池鎮諸將、督爾中諸軍，與建興公古弼等分命諸將，十道並進。四年正月，豹子進擊之，大破之，摘義隆將王奐。義隆將王長卿等六人……豹子進軍下辨、義隆將強玄明、辛伯奮棄城遁走，追斬之，悉獲其眾。	五一·《皮豹子傳》。
長孫陵	北族，帝室十姓，為北族上層貴族。	仇池	文成帝時期	外都坐大官。	《長孫子澤墓誌》//《漢魏南北朝墓誌彙編》
閭麟	降附北魏的柔然王族之裔	仇池	文成帝時期	「使持節、散騎常侍、征西大將軍、都督秦雍荊梁益五州諸軍事、仇池鎮都大將」。	《魏書》卷三〇《閭大肥傳閭麟傳》

姓名	族屬	官職經歷	鎮	時期	相關記載	官職	出處
穆亮	北族，出身於北魏勳臣八姓穆氏家族，屬於勳臣貴戚子弟。	侍御史散；駙馬都尉；侍中、征南大將軍；使持節、秦州刺史；殿中尚書；使持節、征西大將軍、西戎校尉、敦煌鎮都大將。	仇池	孝文帝時期	「都督秦梁益三州諸軍事、征南大將軍、領護西戎校尉、仇池鎮將」。	侍中、尚書右僕射。	《魏書》卷二七《穆崇傳附穆亮傳》《氏傳》
楊靈珍	漢族，漢族豪族。		仇池	孝文帝時期			《魏書》卷一〇一《氐傳》
元英	北族，北魏宗室，北魏近親，景穆帝拓跋晃之裔。	平北將軍、武川鎮都大將。	仇池	孝文帝時期	「都督秦梁益寧三州諸軍事、安南將軍、領護西戎校尉、仇池鎮都大將、梁州刺史」、「在仇池六載，甚有威惠之稱」。		《魏書》卷一九下《景穆十二王下‧南安王楨傳附元英傳》
宇文生	北族，其先祖為南匈奴單于遠屬，後加入鮮卑部落聯盟。為宇文部首領魏之裔。		武都	獻文帝時期			《魏書》卷一〇一《宕昌羌傳》
長孫烏孤	北族，帝室十姓，為北族上層貴族。		武都	孝文帝延興年間		散佚。	《魏書》卷二六《長孫肥傳附長孫烏孤傳》

姓名	氏族	官職	鎮	時期	事蹟	職官	出處
楊文度	氏族、氏族貴族。		武興	獻文帝時期			《魏書》卷一一〇《氏傳》
皇甫驎	北族,安定胡族豪族。		清水	孝文帝太和後期	「君策謀深玄,聲震朝廷,復除為清水太守,領帶軍鎮」。	督護新平安定二郡;領清水太守,領帶軍鎮。	《皇甫驎墓誌》//《漢魏南北朝墓誌彙編》
奚兜	北族、帝室十姓,為北族上層貴族。		薄骨律	太武帝時期	「出為薄骨律鎮將,假鎮遠將軍,賜爵富城侯。時高車叛,圍鎮城。兜擊破之,斬首千餘級」。		《魏書》卷三九《奚斤傳附奚兜傳》
弓雍	漢族,渤海大族。東晉降附者。	鎮東將軍、青州刺史;平南將軍、徐州刺史;濟陰鎮將;使持節、侍中、都督揚豫兗徐四州諸軍事、征南將軍、徐豫二州刺史。	薄骨律	太武帝太平真君五年(444)			《魏書》卷三八《弓雍傳》
高稚	漢族,渤海大族,後燕降臣之裔。		薄骨律	獻文帝至孝文帝前期		營州刺史。	《魏書》卷三二《高湖傳附高稚傳》

姓名	族屬	官職		時期	事蹟	官職	出處
于景	北族，出身於北魏勳臣八姓于氏家族，屬於勳臣貴戚子弟。	司州主簿；積射將軍、直後宿衛；步兵校尉；治書侍御史；寧朔將軍、直後；恆州大中正。	薄骨律	宣武帝時期	「延昌中，朝廷以河西二鎮、國之蕃屏，總旅率戎，實歸英傑；遂除君為寧朔將軍高平二鎮大將。君乃以威信董之以仁恩，能斷康居之左肩，解凶奴之右臂。西北之無虞者，實君是賴。」	高平鎮將；武衛將軍。	《于景墓誌》//《漢魏南北朝墓誌彙編》
丁雍	漢族，勃海大族。	鎮東將軍、青州刺史；平南將軍、徐州刺史。	濟陰	太武帝神䴥四年(431)至太延四年(438)	「雍於是招集譙、梁、彭、沛民五千餘家，置二十七營。延和二年，立徐州於外黃城，置譙、梁、彭、沛四郡九縣，以雍為平南將軍、徐州刺史……任城七年。太延四年，征還京師，頻歲所請。」	使持節、侍中、都督揚豫兗徐四州諸軍事、征南將軍、徐豫二州刺史；薄骨律鎮將。	《魏書》卷三八《丁雍傳》

姓名	族屬	官職	籍貫	時期	官職	出處
王巣	漢族、金城豪族。		檢中	約宣武帝時期		《周書》卷二九《王傑傳》
楊鍾葵	漢族、漢族。		枹罕	獻文帝時期		《魏書》卷一○一《吐谷渾傳》
長孫百年	北族、帝室十姓，為北族上層貴族。		枹罕	孝文帝太和十五年（491）		《魏書》卷七下《孝文帝紀下》
王安都	北族、廣寧北族豪族。	太子庶子。	部善	太武帝時期	內都大官。	《魏書》卷三○《王建傳附王安都傳》
乞伏保	北族、歸附北魏的高車貴族之裔。	左中郎將；	部善	孝文帝時期	南中郎將。	《魏書》卷八六《孝感·乞伏保傳》
元恰	北族、北魏宗室血緣近親，景穆帝拓跋晃之裔。	步兵校尉；轉城門校尉。	部善	宣武帝時期		《魏書》卷一九下《景穆十二王下·南安王楨傳附元恰傳》
乞伏寶	北族、金城北族豪族、北族中層貴族。	給事中；威遠將軍、羽林監；步兵校尉；顯武將軍；左中郎將。	部善	孝明帝時期	武衞將軍；左衞、平南將軍、銀青光祿大夫、太府卿。	《乞伏寶墓誌》//《漢魏南北朝墓誌彙編》
鞏右文	漢族、張掖豪族。		西平	文成帝至獻文帝時期		《鞏賓墓誌》//《金石萃編補略》卷一

姓名	族屬	官職	鎮	時期	事蹟	涼州任官	出處
高湖	漢族，渤海大族。	右將軍。	涼州	太武帝時期	「世祖時，除寧西將軍、涼州鎮都大將，鎮姑臧，甚有惠政。」		《魏書》卷三二《高湖傳》、《高建墓誌》//《漢魏南北朝墓誌彙編》
叔孫隣	北族，帝室十姓，為北族上層貴族。	北部尚書；尚書令。	涼州	太武帝時期	「加鎮西將軍。隣與鎮副將奚牧，並以貴戚子弟，競貪財貨。專作威福，坐相糾發。遂相誣諜。」		《魏書》卷二九《叔孫建傳附叔孫隣傳》
拓跋渾	北族，北魏宗室，血緣近親，道武帝拓跋珪之裔。	平西將軍；假節、都督平州諸軍事、領護東夷校尉、鎮東大將軍、儀同三司、平州刺史。	涼州	太武帝時期	「臨鎮清慎，恩著涼土。」		《魏書》卷一六《道武七王·平王連傳》
尉眷	北族，出身於北魏勳臣八姓尉氏家族；屬於勳臣貴戚之子弟。	大官令；司衛監；陳兵將軍；安北將軍；寧北將軍、散騎常侍；虎牢鎮將。	涼州	太武帝時期	「歷鎮四蕃，威名並著者」。	敦煌鎮將；侍中、太尉。	《魏書》卷二六《尉古真傳附尉眷傳》
元楨	北族，北魏宗室，血緣近親，景穆帝拓跋晃之裔。	征南大將軍、中都大官；內都大官。	涼州	孝文帝延興年間	「綏撫荒野有能」。	都督西戎諸軍事、征西大將軍、領護西域校尉、儀同三司、尉。	《魏書》卷一九下《景穆十二王下·南安王楨傳》

姓名	族屬		州鎮	時期	官職	遷轉官職	出處
拓跋天賜	北族，北魏宗室，血緣近親，景穆帝拓跋晃之裔。		涼州	孝文帝時期	「使持節、侍中、征西大將軍、領護西戎校尉、儀同三司、涼州鎮都大將」。	涼州刺史：內都大官；使持節、侍中、征西大將軍、開府、長安鎮都大將、雍州刺史、鎮北大將軍、相州刺史。	《元壽安墓誌》//《漢魏南北朝墓誌彙編》
穆栗	北族，出身於北魏勳臣八姓，穆氏家族，屬於勳臣貴戚子弟。		涼州	孝文帝時期			《魏書》卷二七《穆崇傳附穆栗傳》
元鸞	北族，北魏宗室，血緣近親，景穆帝拓跋晃之裔。	北都大將：外都大官。	涼州	孝文帝時期	「持節、都督河西諸軍事、征西大將軍、領護西戎校尉、涼州鎮都大將」。	涼州刺史：姑臧鎮都大將；鎮軍、使持節、征南大將軍、都督豫荊郢三州、河內山陽郡諸軍事；冠軍將軍、并州刺史；河內太守；平東將軍、青州刺史；安北將軍、定州刺史。	《魏書》卷一九下《景穆十二王下·城陽王長壽傳附元鸞傳》

姓名	族屬家世	官職	出身地	時期	備註	官職	出處
元鸞	北族，北魏宗室，景穆帝拓跋晃之裔，血緣近親。	北都大將；外都大官；持節、都督河西諸軍事、征西大將軍、領護西戎校尉、涼州鎮都大將。	姑臧	孝文帝時期		鎮軍將軍；使持節、征南大將軍、都督豫荊郢三州、河內山陽東郡諸軍事；冠軍將軍、河內太守；平東將軍、青州刺史；并州刺史；安北將軍、定州刺史。	《魏書》卷一九下《景穆十二王下‧城陽王長壽傳附元鸞傳》
尉眷	北族，出身於北魏勳臣八姓尉氏家族，屬於勳臣貴戚子弟。	太官令；司衛監；陳兵將軍；安北將軍、寧北將軍，散騎常侍；虎牢鎮將；涼州鎮將。	敦煌	太武帝時期	「歷鎮四蕃，威名並著」。	侍中、太尉。	《魏書》卷二六《尉古真傳附尉眷傳》
王景仁	漢族，太原大族王氏之裔。		敦煌	太武帝時期			《周書》卷三六《王士良傳》
尉多侯	北族，出身於北魏勳臣八姓尉氏家族，屬於勳臣貴戚子弟。		敦煌	獻文帝時期	「顯祖時，為假節、征西將軍、領護羌戎尉、敦煌鎮將。至鎮，上表求率輕騎五千、西入于闐，兼平諸國」。		《魏書》卷二六《尉古真傳附尉多侯傳》

| 穆亮 | 北族，出身於北魏勳臣八姓穆氏家族，屬於勳臣貴戚子弟。 | 侍御中散；駙馬都尉；侍中、征南大將軍；使持節、秦州刺史；殿中尚書。 | 敦煌 | 孝文帝時期 | 因敵取資，平定為效。弗許」。「高祖初，蠕蠕部帥无盧真率三萬騎入墾圍鎮，多侯騎率之走，以功大將軍。後多侯襲於南山，蠕蠕遣部帥度拔入園敦煌，多侯侯目前且戰，遂衝圍而入。率眾出戰，大破之，追北數十里，斬首千餘級。 | 「政尚寬簡，賑賙困窮乏」。 | 仇池鎮將；侍中、尚書右僕射；武衛大將軍、征北大將軍、開府儀同三司；定州刺史；驃騎大將軍、尚書令；司空公。 | 《魏書》卷二七《穆崇傳附穆亮傳》 |

姓名	族屬與出身	官職	籍貫	時期	事蹟	鎮將任職	資料來源
闔提	北族，北族中層貴族。		敦煌	宣武帝時期			《周書》卷二○《闔慶傳》
尉撥	北族，出身於北魏勳臣八姓尉氏家族，屬於勳臣貴戚子弟。	虎賁帥；千人軍將；涼州軍將。	晉昌	太武帝時期	「綏懷邊民，甚著稱鎮」。	知臣監；杏城鎮將；北征都將；懸瓠鎮將；員外散騎常侍；平南將軍、北豫州刺史。	《魏書》卷三○《尉撥傳》
韓延之	漢族，江南降附者，南陽豪族韓氏之裔。		虎牢	明元帝泰常二年（417）			《魏書》卷三八《韓延之傳》
奚眷	北族，帝室十姓，為北族上層貴族。	尚書	虎牢	明元帝時期	「太宗時為尚書、假安南將軍、虎牢鎮將，寇所陷。世祖初，為中軍、都曹尚書，復鎮虎牢。延和二年加使持節、侍中、都督豫洛二州河內諸軍事、鎮南將軍、開府」。	長安鎮將。	《魏書》卷三○《奚眷傳》
奚斤烏侯	北族，帝室十姓，為北族上層貴族。	治書御史、建義將軍；員外散騎常侍。	虎牢	太武帝時期			《魏書》卷二九《奚斤傳附奚烏侯傳》

姓名	族屬	官職	軍鎮	時期	虎牢鎮任職	其他官職	出處
公孫軌	漢族，燕郡豪族。	中書郎；軍司馬；大鴻臚；尚書；平南將軍。	虎牢	太武帝時期			《魏書》卷三三《公孫表傳附公孫軌傳》
于栗磾	北族，出身於北魏勳臣八姓于氏家族，屬於勳臣貴戚子弟。	鎮遠將軍、河內鎮將；安南將軍；蒲坂鎮將。	虎牢	太武帝時期		使持節、都督兗相二州諸軍事、鎮南將軍、枋頭都將；外都大官。	《魏書》卷三一《于栗磾傳》
陸俟	北族，出身於北魏勳臣八姓陸氏家族，屬於勳臣貴戚子弟。	侍郎；內侍；龍驤將軍、給事中；冀州刺史、龍驤將軍。	虎牢	太武帝時期	「都督洛豫二州諸軍事、本將軍、虎牢鎮大將」。	使持節、散騎常侍、平西將軍、安定鎮大將；散騎常侍；平東將軍、懷荒鎮大將。	《魏書》卷四〇《陸俟傳》
拓跋他	北族，北魏宗室血緣近親，道武帝拓跋珪之裔。	鎮東將軍。	虎牢	太武帝時期	「除使持節、都督豫洛河南諸軍事、鎮南大將軍、開府儀同三司，鎮南將軍儀同三司，鎮虎牢。威名甚著……拜使持節、都督雍秦二州諸軍事、鎮西大將軍、開府儀同三司、雍州刺史、綏雍長安，鎮長安，撫秦土、得民夷。」	使持節、都督涼州諸軍事、鎮西大將軍、開府儀同三司；侍中；中都大官；侍中；征西大將軍、司徒。	《魏書》卷一六《道武七王·陽平王熙傳附拓跋他傳》

姓名	家世出身	官職		時期		官職	資料來源
尉眷	北族，出身於北魏勳臣八姓尉氏家族，屬於勳臣貴戚子弟。	大官令；司衛監；陳兵將軍；安北將軍；寧北將軍，散騎常侍。	虎牢	太武帝時期	之心。時義隆寇南鄙，以他威信素著，復為虎牢鎮都大將」。	涼州鎮將；敦煌鎮將；侍中、太尉。	《魏書》卷二六《尉古真傳附尉眷傳》
拓跋天賜	北族，北魏宗室，景穆血緣近親，帝拓跋晃之裔。		虎牢	獻文帝時期	「歷鎮四蕃，威名並著」。	內都大官；征北大將軍、護匈奴中郎將；懷朔鎮大將。	《魏書》卷一九上《景穆十二王上·汝陰王天賜傳》
穆罷	北族，出身於北魏勳臣八姓穆氏家族，屬於勳臣貴戚子弟。	駙馬都尉。	虎牢	孝文帝時期		征東將軍、吐京鎮將；汾州刺史；光祿勳、燕州刺史；北鎮諸軍事、都督夏州，高平鎮諸軍事，征東將軍、夏州刺史；侍中、中書監。	《魏書》卷二七《穆崇傳附穆罷傳》
仇儼	漢族，閹官養子。		虎牢	孝文帝延興至太和前期			《魏書》卷九四《閹官·仇洛齊傳附仇儼傳》

王慧龍	漢族，江南降附者，太原大族王氏之裔。		洛城	明元帝泰常八年（423）		《魏書》卷三八《王慧龍傳》
李熙	漢族，隴西大族。		金門	北魏時期		《新唐書》卷一《高祖紀上》，《新唐書》卷七○上《宗室世系上》。
崔寬	漢族，清河大族崔氏之裔。	散騎侍郎、寧朔將軍；弘農太守。	陝城	孝文帝時期	「拜陝城鎮將。鎮地隘陋，民多逃劫。寬性滑稽，誘接豪右，宿盜魁帥，與相交結，傾衿待遇。不逆微細。是以能得民庶忻心，莫不感其意氣。時官無祿力，唯取給於民。寬善撫納，招致禮遺，大有受取。而與之無恨。又弘農出漆蠟竹木之饒，路與南通，販貿來往。家產豐富，	《魏書》卷二四《崔玄伯傳附崔寬傳》

姓名	族屬	官職	鎮名	時期	事蹟	史料出處
陽猛	漢族，上谷豪族。		大谷	孝明帝時期	「父猛，魏正光中，万俟醜奴作亂關右，朝廷以猛兩洛首望，乃擢為襄威將軍、大谷鎮將，帶胡城令，以御醜奴」。……而百姓樂之。諸鎮之中，號為能政」。	《周書》卷四四《陽雄傳》
穆吐萬	北族，出身於北魏勳臣八姓穆氏家族，屬於勳臣貴戚子弟。		襄城	文成帝時期		《魏書》卷二七《穆崇傳附穆吐萬傳》
獨孤信	北族，出身於北魏勳臣八姓獨孤氏家族，屬於勳臣貴戚子弟。	員外散騎侍郎；安南驍騎將軍。	新野	孝莊帝時期	「建明初，出為荊州新野鎮將，帶新野郡守」。……荊州防城大都督、南鄉太守；武衛將軍。	《周書》卷一六《獨孤信傳》
寇臻	漢族，上谷豪族，寇氏之裔。	中川太守；弘農太守。	比陽	孝文帝時期	「振武將軍、比陽鎮將，有威惠之稱」。……建威將軍、郢州刺史；弘農太守。	《魏書》卷四二《寇讚傳附寇臻傳》、《寇臻墓誌》、《漢魏南北朝墓誌彙編》

韋珍	漢族，京兆大族。「京兆韋氏之裔。京兆杜陵人。世為三輔冠族」。	京兆	王子推常侍；尚書南部郎。	孝文帝時期	隴西公源懷衛大將軍府長史；太保齊郡王長史；顯武將軍、郢州刺史；平東將軍、荊州刺史；彭城王劉驤將軍、荊州刺史；彭中軍大將軍、建威將軍、假魯郡太守；魯陽郡太守；中壘將軍、中散大夫、太尉諮議參軍。	《魏書》卷四五《韋闐傳附韋珍傳》
費萬	北族，北族中層貴族，鮮連夏降臣之裔。	梁國		孝文帝太和初期		《魏書》卷四四《費于傳附費萬傳》
丘麟	北族，北族中層貴族。	瑕丘	駕部令。	獻文帝時期	東兗州刺史。	《魏書》卷三○《丘堆傳附丘麟傳》
游明根	漢族，廣平大族。	瑕丘	都曹主書；寧遠將軍；員外散騎常侍、冠軍將軍，東青州刺史，員外常侍。	獻文帝時期	「遷散騎常侍、平東將軍、都督兗州諸軍事、假安南將軍、尋就拜東兗州刺史…」	《魏書》卷五五《游明根傳》

姓名	族屬出身	任官	鎮名	任職時期	相關記載	其他官職	資料來源
崔勔	漢族，清河大族。	司空記室；通直散騎侍郎。	樊陽	孝明帝時期	……為政清平，新民樂附」。		《魏書》卷六七《崔光傳附崔勔傳》
長孫壽	北族，帝室十姓，為北族上層貴族。	散騎常侍；左光祿大夫。	東陽	文成帝時期	「寧遠將軍、清河太守，帶樊陽鎮將。為逆賊崔景安所告」。	征東將軍、都督青州諸軍事、青州刺史。	《公孫氏墓誌》//《漢魏南北朝墓誌彙編》
陸昵	北族，出身於北魏勳臣八姓陸氏家族，屬於勳臣貴戚子弟。	內侍校尉。	東陽	獻文帝時期		「都督秦雍荊梁益五州諸軍事、征西將軍、東陽汍池鎮都大將」。	《魏書》卷四○《陸俟傳附陸昵傳》
屈車渠	漢族，昌黎豪族。		東陽	孝文帝延興年間			《魏書》卷三三《屈遵傳附屈車渠傳》
侯伊莫汗	北族，北族中層貴族。「其先朔州人，世豪部落」。	散騎常侍；侍中、尚書。	臨濟	太武帝時期			《侯氏墓誌》//《漢魏南北朝墓誌彙編》
呂羅子	漢族，東平豪族。		東萊	孝文帝時期		光州刺史	《魏書》卷五一《呂羅漢傳附呂羅子傳》

姓名	族屬	官職	籍貫	時期	軍鎮職	將軍、刺史	文獻出處
孔伯孫	漢族，魏郡豪族，北魏外戚。	中書博士。	東萊	孝文帝太和十三年（489）		鎮東將軍、東徐州刺史。	《魏書》卷七下《孝文帝紀下》、《魏書》卷五一《附孔伯孫傳》。
尉撥	北族，出身於北魏勳臣八姓族；氏家族；屬於勳臣貴戚子弟。	虎賁帥；千人軍將；涼州軍將；晉昌鎮將；杏城鎮將；北征都將。	懸瓠	獻文帝時期		平南將軍、北豫州刺史。	《魏書》卷三〇《尉撥傳》
常珍奇	漢族，江南降附者。		懸瓠	獻文帝時期			《魏故比丘尼統慈慶墓誌》//《漢魏南北朝墓誌彙編》
薛胤	河東蜀薛。	侍御中散。	懸瓠	孝文帝時期		立忠將軍、河北太守。	《魏書》卷四二《薛辯傳附薛胤傳》
孔伯恭	漢族，魏郡豪族，北魏外戚。	給事中；鷹揚將軍；安南將軍、濟州刺史；散騎常侍。	彭城	獻文帝皇興二年至三年（468～469）	「都督徐南兗州諸軍事、鎮東將軍、彭城鎮將」。		《魏書》卷五一《孔伯恭傳》
長孫渾	北族，帝室十姓，為北族上層貴族。	侍御中散。	彭城	孝文帝延興至承明年間			《魏書》卷二六《長孫肥傳附長孫渾傳》

姓名	族屬	官職	住居	時期	引文	官職	史料出處
元拔	北族,北魏宗室血緣近親或遠親暫不明。		彭城	孝文帝時期			《魏書》卷二七《穆崇傳附穆泰傳》
薛虎子	北族,北族中層貴族,後秦降臣之裔。	「除枋頭鎮將,即日之任。至鎮,數州之地,姦徒屏跡」;平南將軍、相州刺史。	彭城	孝文帝時期	「以本將軍為彭城鎮將。至鎮,雅得民和」。	開府、徐州刺史。	《魏書》卷四四《薛野䐗傳附薛虎子傳》
傅永	漢族、江南降附者,清河豪族。	伏波將軍;中書博士;中書考功郎中;大司馬從事中郎;任城王澄長史;尚書左丞;建武將軍、平南長史;安遠將軍、鎮南府府長史、汝南太守。	汝陰	孝文帝太和後期至宣武帝景明前期	「揚武將軍、汝陰鎮將,帶汝陰太守」。	太中大夫;行南青州刺史;左將軍、南兗州刺史;平東將軍、光祿大夫。	《魏書》卷七〇《傅永傳》
穆度孤	北族,出身於北魏勳臣八姓穆氏家族,屬於勳臣貴戚子弟。		梁城	孝文帝後期至宣武帝前期			《魏書》卷二七《穆崇傳附穆度孤傳》
鹿生	漢族、濟陰豪族。	「濟南太守,有治稱……前後在任十年。時三」	鄴城	孝文帝太和後期			《魏書》卷八八《良吏‧鹿生傳》

姓名	族屬	官職	鎮名	時期	備註	史料出處
許洛陽	漢族，漢族豪族，代人集團中漢族成員之裔。其父許謙在代國昭成帝時期就已歸附拓跋部，爲代國昭成帝拓跋什翼犍、北魏道武帝拓跋珪時期的重要漢族謀臣。	齊始附，人懷苟且，蒲博終朝，頗陵農業。生立制斷之，聞者嗟善」；徐州任城王澄、廣陵侯元衍征東、安南二府長史。冠軍司馬；郡軍司馬；郡令；雁門太守；鎮南將軍。	明壘	太武帝時期	「出爲明壘鎮將，居八年。」	《魏書》卷二四《許謙傳附許洛陽傳》
何難	漢族，漢族豪族。		蒲城	太武帝時期		《魏書》卷九七《島夷·劉裕傳》
裴凝	漢族，河東大族裴氏之裔。		武平	孝明帝時期		《魏書》卷六九《裴延俊傳附裴凝傳》

| 裴修 | 漢族，河東大族裴氏之裔。 | 中書學生：秘書中散；主客令。 | 張掖 | 孝文帝時期 | 「出為張掖子都大將。張掖擬境接胡夷，前後數致寇掠，修明設烽候，以方略御之。在邊六年，關塞清靜」 | 中部令；中大夫，兼祠曹曹部事。 | 《魏書》卷四五《裴駿傳附裴修撰》《修撰》 |

一、北魏時期軍鎮鎮將族屬情況分析

表 4.2　北魏軍鎮鎮將任職者族屬比例表

時間段	總人數	族　屬	人　數	比　例
北魏時期	197	北族	139	70.56%
		漢族	58	29.44%
北魏道武帝至獻文帝時期	97	北族	66	68.04%
		漢族	31	31.96%
北魏孝文帝至孝武帝時期	103	北族	76	73.79%
		漢族	27	26.21%

說明：拓跋天賜、拓跋雲、薛虎子在北魏道武帝至獻文帝時期、孝文帝至孝武帝時期均任職鎮將，所以將上述三人在道武帝至獻文帝、孝文帝至孝武帝兩個時期均進行統計。

　　根據表 2.1、表 2.2，可以看出以下歷史訊息：

　　首先，表 2.1、表 2.2 所揭示的胡族集團成員、漢族集團成員在北魏軍鎮鎮將任職者中所佔比例，足以反映出以宗室為代表的胡族集團與以中原大姓為代表的漢族集團在北魏軍鎮中勢力的消長變化。進而可見，北魏軍鎮實權主要由胡族成員掌握的趨勢是日益明顯的。就整個北魏時期而言，胡族集團成員佔有 70.56%的優勢比例；而漢族集團成員只佔有 29.44%，其與胡族集團在北魏軍鎮中實力之差距顯而易見。在北魏道武帝至獻文帝時期，胡族集團占 68.04%，漢族集團佔有 31.96%。北魏孝文帝至孝武帝時期，胡族集團占 73.79%，佔有率上升 5.75 個百分點；漢族集團占 26.21%，佔有率下降 5.75 個百分點。據此可以看出，整個北魏時期，胡族集團在軍鎮中所佔比例一直處於上升趨勢，而漢族集團則處於下降趨勢。〔註2〕此種變化趨勢，一方面，表

───────

〔註2〕通過對胡漢成員在北魏軍鎮鎮將群體中所佔之比例進行的分析，我們可以看出，北魏統治者選任軍鎮鎮將，大體上侷限在北族群體中；北魏統治者雖然要借助部分漢族士人以加強對中原內地的控制，但斷然不敢將過多的軍鎮實權交予漢族士人手中。這說明北魏統治者雖然援引漢族士人進入中央與地方，讓漢族士人參與北魏國家典章制度建設，對漢族士人表現出倚重的態度，然而出於族屬之別，顯然不願賦予漢族士人更多的權力，尤其是軍權。即使對漢文化表現出濃厚興趣、推行諸多漢化改革措施的北魏孝文帝，在任命漢族士人為軍鎮鎮將時，亦非常謹慎。那麼其他在漢化程度上不及孝文帝的北魏統治者，尤其是孝文帝之子嗣對選任漢族士人為軍鎮鎮將之態度，就可想而知了。

面上看與北魏統治者援引漢族成員任職中央與地方、引用更多漢族成員參與到北魏國家建設進而使漢族集團在北魏國家的整體政治地位上升以及北魏孝文帝實行漢化改革將北魏國家面貌由胡族政權向漢族正朔政權轉變等史實相矛盾。另一方面，不能簡單地以胡族集團成員在北魏軍鎮任職者中的高佔有率、漢族集團成員在北魏軍鎮中的低佔有率為標準，立刻得出北魏統治者對胡族成員給予絕對信任、對漢族成員始終持有極強戒備心的結論。實際上，胡漢兩族上層孰真正為政權核心基礎、胡漢兩族對北魏政權的國家認同、北魏統治者對胡漢兩族上層的駕馭之策等因素影響胡族集團與漢族集團在北魏軍鎮中實力消長變化。

血緣的相近、族源的同出，使北魏皇室集團與北族系集團形成了休戚與共的利益共同體，即人們通常所稱的代人集團。進而可謂，眾多胡族成員對北魏國家更容易形成較牢固的國家認同感。因此，從血緣與族屬感情方面來考慮，北魏統治者更願意，甚至可說更放心將中央與地方的軍政權力更多的交予胡族集團成員。《魏書》卷一八《太武五王・廣陽王建閭傳附元深傳》載「昔皇始以移防為重，盛簡親賢，擁麾作鎮，配以高門子弟，以死防遏，不但不廢仕宦，至乃偏得復除。當時人物，忻慕為之」，其中的「親賢」、「高門」主要指北魏宗室群體成員以及跟隨拓跋氏征討四方、入主中原中立有殊勳的「內入諸姓」諸胡族勳臣子弟。進而可見，從北魏建國開始，基於血緣與族屬的考慮，北魏統治者便確立了以胡族集團成員為北魏軍鎮鎮將主要人選的政策。

雖然部分中原漢族世族較早的與北魏統治者進行合作，參與到北魏國家的建設中並為北魏統治者出謀劃策，但與北魏統治者合作的中原漢族世族，是完全摒棄族屬與文化差異視胡族出身的北魏統治者為正統？還是迫於軍事威脅不得已輔佐北魏統治者，內心仍對胡族統治集團保有敵視與輕蔑之意，乃至伺機叛亂、擺脫胡族集團控制？以上都是不能斷然肯定與否定的問題。然而，北魏胡族統治集團出於族屬與文化之別，對漢族集團抱有不信任態度，進而不敢將軍鎮實權過多委以漢族集團，是無可爭議的。如《魏書》卷三八《王慧龍傳》所載「泰常二年，姚泓滅，慧龍歸國。太宗引見與言，慧龍請效力南討，言終，俯而流涕，天子為之動容。謂曰：『朕方混一車書，席卷吳會，卿情計如此，豈不能相資以眾乎？』然亦未之用。後拜洛城鎮將，配兵三千人鎮金墉。既拜十餘日，太宗崩。世祖初即位，咸謂南人不宜委以師旅之任，

遂停前授」，本文認為，此處記載中的「南人」，除有江南歸附者之意，還指北魏治下的眾多漢族上層。進而可見，疑慮漢族上層在地方軍鎮叛亂進而危及北魏地方穩定，是北魏統治者集團不願意、亦不敢過多委以漢族上層地方軍鎮實權的重要原因。況且，北魏太武帝後期，崔浩因「國史之獄」被殺，受牽連的還有部分北方漢族世族；崔浩事件使北魏胡族統治集團與北方漢族世族之間的關係一度緊張，雙方之間的猜忌、怨恨自然是不可避免的。雖然太武帝之後的繼任者對太武帝後期的酷政多有修改、積極援引漢族士人參與到國家機構中以緩和胡漢關係，但崔浩事件在北魏胡族集團與漢族集團之間造成的裂痕在短時間內是難以彌合的。基於此，本文審慎認為，崔浩事件後，懼於漢族上層出於復仇目的而在地方為亂，亦使北魏統治者在任命漢族上層為地方軍鎮鎮將時，是非常謹慎的。

其次，若將北魏軍鎮以所分布的東西南北地域來劃分，我們還可看出，大體上，北魏北方、西方、西北方、東北方軍鎮鎮將任職者中，胡族成員比例要遠大於漢族成員；而北魏南方地區軍鎮鎮將任職者中，胡族成員與漢族成員所佔比例差距要相對縮小。

北魏北部軍鎮地帶，曾為拓跋氏入主中原前，包括拓跋氏在內的眾多北族的活動地帶，亦為北魏舊都盛樂所在。以政治意義而言，北魏北方軍鎮地區之重要性自不待言。以軍事價值而言，北魏北方軍鎮地區形勢的穩定與否，關涉北魏京畿平城地區的安危以及北魏能否實現將柔然御於域外的戰略目的。西方、西北方、東北方軍鎮，亦與北魏北方統治重心地區的安危乃至對柔然的戰略決策息息相關。一旦北魏北方、西方、西北方軍鎮地區局勢出現動盪乃至上述地區不再為北魏所控制，不但北魏政權的存續成為問題，更為嚴重的是，包括北魏宗室在內的以北魏國家為依託而存在的眾多北族何去何從，重回塞北或者再回到拓跋先祖曾經生活的大興安嶺地區，恐怕不可能，因為塞北部分地區以及大興安嶺地區已為柔然、東胡系等民族所佔據；繼續留在中原，中原社會能否接納這些在風俗與文化等方面與自己迥異的北族群體，亦為未知。所以，在上述諸憂患意識的壓力之下，北魏統治者選任北方地區軍鎮鎮將，自然相對偏重於族屬因素，將北族成員視為首要人選。如北魏統治者將血緣至親的宗室成員首先做為北方軍鎮鎮將的重點選任對象，如《魏書》卷一九下《景穆十二王下·城陽王長壽傳》載「城陽王長壽，皇興二年封……出為沃野鎮都大將。性聰惠，善撫接，在鎮甚有威名。延興五年薨」、

《魏書》卷一九上《景穆十二王上‧陽平王新成傳附安壽傳》載「高祖賜名頤。累遷懷朔鎮大將，都督三道諸軍事，北討」、《魏書》卷一九上《景穆十二王上‧汝陰王天賜傳》載「（孝文帝時期）累遷懷朔鎮大將」、《魏書》卷一四《神元平文諸帝子孫‧高涼王孤傳附元蒍傳》載「高祖遷都，蒍以代尹留鎮。除懷朔鎮都大將」、《魏書》卷一九下《南安王楨傳附元英傳》載「性識聰敏，博聞強記，便弓馬，解吹笛，微曉醫術。高祖時，為平北將軍、武川鎮都大將」、《魏書》卷一九下《景穆十二王下‧安定王休傳》載「高祖初，庫莫奚寇邊，以休為使持節、侍中、都督諸軍事、征東大將軍、領護東夷校尉、儀同三司、和龍鎮將。休撫防有方，賊乃款附。入為中都大官。蠕蠕犯塞，出為使持節、征北大將軍、撫冥鎮大將」、《元鷙墓誌》云「（正光）二年，詔除使持節、都督柔玄懷荒撫冥三鎮諸軍事、撫軍將軍、柔玄鎮大將。王廣設耳目，備加參伍，故能政懷內外，綏和遠近，惠可依也，德可懷也」、《元朗墓誌》云「朝廷以平城舊都，形勝之會，南據獫狁之前，東連肅貊之左，保境寧民，實擬賢戚；乃除君持節、征虜將軍、平城鎮將。君遂禦夷狄以威權，導民庶以禮信。其時十餘年間，凶奴不敢南面如坐者，殆君之由矣。逮神龜二年，以母憂去職」。

　　另外，以做為北魏統治者心腹的勳臣八姓為代表的胡族成員，時常成為北魏統治者選任北方軍鎮鎮將時的優先考慮對象。如《魏書》卷八三下《外戚下‧于勁傳》載「于勁……頗有武略。以功臣子，又以功績，位沃野鎮將」、《魏書》卷三〇《陸真傳附陸延傳》載「頗有氣幹……累遷歷長安鎮將……正始初，除武川鎮將……都督沃野、武川、懷朔三鎮諸軍事、安北將軍、懷朔鎮大將」、《魏書》卷二七《穆崇傳附穆鑣傳》載「世宗時，為懷朔鎮將」、《叔孫協墓誌》云「君為人猛惠恭懃，算合忠恩。召除平北將軍、（孝明帝前期）懷朔鎮將」、《奚智墓誌》云奚智「內行、羽真、散騎常侍、鎮西將軍、（太武帝至文成帝時期）雲中鎮大將內亦幹之孫」、《魏書》卷五〇《尉元傳》載「太和初，徵為內都大官。既而出為使持節、鎮西大將軍、開府、統萬鎮都將，甚得夷民之心」、《魏書》卷四四《羅結傳附羅斤傳》載「從世祖討赫連昌，世祖追奔入城，昌邀擊，左右多死，斤力戰有功。世祖嘉之。後錄勳，除散騎常侍、侍中、四部尚書，又加平西將軍。後平涼州，攻城野戰，多有克捷。以功賜爵帶方公，除長安鎮都大將。會蠕蠕侵境，馳驛徵還，除柔玄鎮都大將。後以斤機辯，敕與王俊使蠕蠕，迎女備後宮。又以本將軍開府，為長安鎮都大將」。

以上史料反映出眾多北魏宗室、胡族成員以血緣至親或代人身份以及長於軍事戰略、善於御眾的雙重優勢而被北魏統治者委以北方、西北方、東北方軍鎮重任。

對於將北族成員視為倚重的對象、對漢族群體始終持有戒備心的北魏統治者來說，為何將國家南部地區軍鎮實權拿出相當一部分交給漢族集團，難道不擔心握有軍鎮實權的漢族勢力在南方地區背叛自己，況且北魏歷史中就有南部地區漢族鎮將據軍鎮而叛亂的情況，其間北魏統治者的具體考慮過程，我們雖然不得其詳情。但是，當時北族集團（尤其是遷都洛陽之前）對原本不是自己生活之地的中原南部較為生疏，若將南部地區軍鎮鎮將人員全部定為北族成員，北族鎮將是否能有效管理中原南部軍鎮地區、能否跨越風俗與文化的界限而有效調節甚至消弭胡漢民族矛盾，都是未知的問題。所以，當時北魏統治者突破選任鎮將時的族屬界限，選任部分漢族出身者，即是對漢族上層表示信任與拉攏，更為重要的是，以漢族鎮將管理中原南部，實現「以夏治夏」的策略，無疑是將南部地區軍鎮部分實權交予漢族出身者的關鍵因素。

第三，漢族上層出任北魏軍鎮鎮將，甚至其中的部分人長期執掌軍鎮中軍政大權。雖然出任北魏軍鎮鎮將的漢族上層成員人數在北魏軍鎮鎮將任職者中只佔據小部分比例，但漢族上層群體仍為北魏軍鎮中不可忽視的勢力。是否因為北魏統治者逐漸摒棄族屬偏見、對漢族群體逐漸持有信任態度，才使漢族上層在北魏軍鎮中佔據一定勢力？還是因為部分漢族上層成員對由胡族建立的北魏政權逐漸有了國家認同感？抑或部分漢族上層超越文化的界限，對胡族文化表現出認同感，進而使自己逐漸進入胡族統治集團核心？只有洞悉相關史料，才能對漢族上層任職軍鎮有深入與較準確的瞭解。

我們可以先從部分漢族上層任職軍鎮的時間長短來窺探北魏統治者在任命漢族上層為鎮將時的考慮因素。而其中主動入魏、被動入魏之人被北魏統治者委以軍鎮實權是北魏統治者從漢族群體選任鎮將中值得深入探究的現象。

《魏書》卷三八《刁雍傳》載：

> 刁雍，字淑和，勃海饒安人也。高祖攸，晉御史中丞。曾祖協，從司馬睿渡江，居於京口，位至尚書令。父暢，司馬德宗右衛將軍。初，暢兄逵以劉裕輕狡薄行，負社錢三萬，違時不還，執而徵焉。

及裕誅桓玄，以嫌故先誅刁氏。雍為暢故吏所匿，奔姚與豫州牧姚
紹於洛陽，後至長安。

　　雍博覽書傳，姚興以雍為太子中庶子。

　　泰常二年，姚泓滅，與司馬休之等歸國。

　　（太平真君）五年，以本將軍為薄骨律鎮將。

　　興光二年，詔雍還都，拜特進，將軍如故。

　　根據以上史料可見：首先，刁雍為由江南歸附北魏者。刁雍出身於尚武
家族，其應具備一定軍事素養，這是其為北魏太武帝所重用的原因之一。其
次，刁氏家族為劉裕所屠戮，可以說，刁雍對劉裕是懷有國仇家恨之意；為
躲避劉裕迫害，刁雍出奔北方，先投奔後秦，後歸附北魏。第三，刁雍任薄骨
律鎮將長達十二年，而史籍記載北魏時期軍鎮鎮將任職十年以上者寥寥無幾，
甚至北魏宗室成員與深受統治者信任的胡族上層任職鎮將十年以上者亦確指
可數，由此可見刁雍深得太武帝寵信。

　　漢族上層群體中不僅有任職北魏軍鎮時間較長者，亦有同一家族中父子
兩代人世襲軍鎮鎮將者。

　　如《魏書》卷三七《司馬休之傳附司馬文思傳》載：

　　　　天興五年，休之為司馬德宗平西將軍、荊州刺史。為桓玄逼逐，
　　遂奔慕容德。劉裕誅玄後，還建鄴，裕復以休之為荊州刺史。休之
　　頗得江漢人心，劉裕疑其有異志。而休之子文思繼休之兄尚之為譙
　　王，謀圖裕，裕執送休之，令自為其所。休之表廢文思，並與裕書
　　陳謝。

　　　　神瑞中，裕收休之子文寶、兄子文祖，並殺之，乃率眾討休之。
　　休之上表自陳於德宗，與德宗鎮北將軍魯宗之、宗之子竟陵太守軌
　　等起兵討裕。裕軍至江陵，休之不能敵，遂與軌奔襄陽。裕復進軍
　　討之。太宗遣長孫嵩屯河東，將為之援。時姚興征虜將軍姚成王、
　　冠軍將軍司馬國璠亦將兵救之，不及而還。休之遂與子文思及宗之
　　等奔於姚興。

　　　　裕滅姚泓，休之與文思及德宗河間王子道賜，輔國將軍溫楷，
　　兗陵內史魯軌，荊州治中韓延之、殷約，平西參軍桓謐、桓璲及桓
　　溫孫道度、道子，勃海刁雍，陳郡袁式等數百人，皆將妻子詣嵩降。
　　月餘，休之卒於嵩軍。詔曰：「司馬休之率其同義，萬里歸誠，雅操

不遂，中年殞喪，朕甚愍焉。其追贈征西大將軍、右光祿大夫，諡
始平聲公。」

文思與淮公國璠、池陽子道賜不平，而偽親之，引與飲宴。國
璠性疏直，因酒醉，遂語文思，言己將與溫楷及三城胡酋王珍、曹
栗等外叛，因說京師豪強可與為謀數十人。文思告之，皆坐誅。以
文思為廷尉卿，賜爵鬱林公。善於其職，聽訟斷獄，百姓不復匿其
情。劉義隆遣將裴方明擊楊難當於仇池，世祖以文思為假節、征南
大將軍，進爵譙王，督洛豫諸軍南趣襄陽，邀其歸路。還京，為懷
朔鎮將。與安初薨。

據上述史料可知：首先，司馬休之、司馬文思父子為躲避劉裕迫害先投
奔後秦、後歸附北魏，上述二人對劉裕懷有國仇家恨之意。其次，司馬文思
將司馬國璠等降附北魏的江南人慾叛亂南奔之預謀告發，對穩定平城局勢來
說是有利的，這可以看做是司馬文思忠於北魏的表現。第三，北魏太武帝委
以司馬文思南征軍事大權、之後任命司馬文思為北方重鎮懷朔鎮鎮將，對其
算是極為信任。北魏太武帝應是看重司馬文思對江南劉宋所懷之國仇家恨，
利用司馬文思東晉宗室及其聲望，賦予其一定軍權以抗衡劉宋；但北魏太武
帝讓司馬文思履行鎮戍之職的地方卻在北方，有意將司馬文思與其故里江南
隔絕起來。

又如《魏書》卷三七《司馬楚之傳》載：

司馬楚之……父榮期，司馬德宗梁益二州刺史，為其參軍楊
承祖所殺。楚之時年十七，送父喪還丹楊。值劉裕誅夷司馬戚屬，
叔父宣期、兄貞之並為所殺。楚之乃亡匿諸沙門中濟江。自歷陽
西入義陽、竟陵蠻中。及從祖荊州刺史休之為裕所敗，乃亡於汝
潁之間。

太宗末，山陽公奚斤略地河南，楚之遣使請降。因表曰：「江淮
以北，聞王師南首，無不抃舞，思奉德化。而逼於寇逆，無由自致。
臣因民之欲，請率慕義為國前驅。今皆白衣，無以制服人望。若蒙
偏裨之號，假王威以唱義，則莫不率從。」於是假楚之使持節、征
南將軍、荊州刺史。

世祖初，楚之遣妻子內居於鄴，尋徵入朝。時南藩諸將表劉義
隆欲入為寇，以楚之為使持節、安南大將軍，封琅邪王，屯潁川以

拒之。其長史臨邑子步還表曰：「楚之渡河，百姓思舊，義眾雲集，汝潁以南，望風翕然，回首革面。斯誠陛下應天順民，聖德廣被之所致也。」世祖大悦，璽書勞勉，賜前後部鼓吹。

　　拜假節、侍中、鎮西大將軍、開府儀同三司、雲中鎮大將、朔州刺史，王如故。在邊二十餘年，以清儉著聞。

《魏書》卷三七《司馬楚之傳附司馬金龍傳》又載：

　　楚之後尚諸王女河內公主，生子金龍，字榮則。少有父風。初為中書學生，入為中散。顯祖在東宮，擢為太子侍講。後襲爵。拜侍中、鎮西大將軍、開府、雲中鎮大將、朔州刺史。徵為吏部尚書。太和八年薨。

《魏書》卷三七《司馬楚之傳附司馬躍傳》又載：

　　金龍弟躍，字寶龍。尚趙郡公主，拜駙馬都尉。代兄為雲中鎮將、朔州刺史，假安北將軍、河內公。躍表罷河西苑封，與民墾殖。有司執奏：「此麋鹿所聚，太官取給，今若與民，至於奉獻時禽，懼有所闕。」詔曰：「此地若任稼穡，雖有歐利，事須廢封。若是山澗，虞禁何損？尋先朝置此，豈苟藉斯禽，亮亦以俟軍行薪蒸之用。其更論之。」躍固請宜以與民，高祖從之。還為祠部尚書、大鴻臚卿、潁川王師。以疾表求解任。

　　根據以上史料，可以看出：首先，司馬楚之、司馬金龍與司馬躍父子三人前後連續任職雲中鎮將長達近五十年。雲中鎮，位於今內蒙古呼和浩特市南部托克托縣地區；雲中地處北魏舊都盛樂附近、為北魏前期皇陵所在之地；雲中又北鄰北魏六鎮中的武川鎮，與武川鎮協同防禦北魏北部邊疆，在抵禦柔然南侵中發揮著重要作用。可以說，雲中鎮之軍事價值與政治意義非常重要，為北魏北部邊疆重地。因此，做為江南歸附者的司馬楚之父子三人能世襲雲中鎮將，可謂榮耀之至，亦反映出北魏太武帝、文成帝、獻文帝與孝文帝對其是非常信任的。檢核《魏書》、《北史》，北魏時期，做為北魏統治集團核心的北魏宗室成員與為北魏統治者所信任的胡族上層，不僅沒有世襲像雲中鎮這樣極為重要的軍鎮，就連普通軍鎮鎮將，胡族成員欲世襲亦難以企及。其次，由司馬楚之及其子嗣入魏後在仕途中的表現，可看出司馬楚之父子亦具備一定軍事素養。第三，司馬楚之與司馬金龍在東晉末期劉裕篡奪東晉政權、屠戮東晉宗室的背景下投奔北魏，司馬楚之父子對劉裕亦持有國仇家恨。

需要注意的是，像刁雍、司馬文思、司馬楚之、司馬金龍等江南歸附者對劉宋均懷有敵視之意，北魏太武帝若委以上述人鎮戍南方之任，豈不正可利用上述人對抗江南劉宋，或許在打擊劉宋、保障自己南方邊疆穩定上會有更直接、更大的收穫，但北魏太武帝最終讓上述諸人出任北方軍鎮鎮將，豈不南轅北轍？其中有何原因？王永平在《中古士人遷移與文化交流》中認為「北魏任用南人戍守北部邊鎮為例，其目的之一當還有將他們調離南方前線，以免生變」〔註3〕。結合以上論述以及學者所論，本文認為：一方面，北魏統治者欲利用江南歸附者對江南政權所持有的國仇家恨，以江南歸附者來與江南政權進行對抗；另一方面，江南歸附北魏之人，在江南地區具有一定影響力，如果北魏統治者將北魏南方軍鎮實權委以這些歸附者，其若與江南本土勢力勾結，北魏南部邊疆地區將面臨嚴峻形勢，況且《魏書》中就有江南歸附者出任北魏南方軍鎮軍鎮、後來叛亂進而使北魏南方地區形勢陡然緊張的記載。進而可知，北魏統治者在欲使江南歸附者以抗衡江南、防止其為亂於北魏南方地區以及使江南歸附者最終脫離江南進而斷其南歸等目的影響下，多將江南歸附者委以北方軍鎮鎮將。

《魏書》卷四三《朱修之傳》載：

> 朱修之者，劉義隆司徒從事中郎。守滑臺，安頡圍之……為頡所擒。世祖善其固守，授以內職，以宗室女妻之。而佞巧輕薄，為人士所賤。為雲中鎮將。

由上述史料，與刁雍、司馬楚之、司馬金龍、司馬悅相較，朱修之因被俘而入魏。但朱修之仍被太武帝委以北魏北部邊疆重地雲中鎮將，其善於「固守」即長於軍事是主要原因。但朱修之後又南奔江南，印證了王永平在《中古士人遷移與文化交流》中所論「北魏任用南人戍守北部邊鎮為例，其目的之一當還有將他們調離南方前線，以免生變」〔註4〕。

《魏書》卷五二《趙逸傳》載：

> 趙逸，字思群，天水人也。十世祖融，漢光祿大夫。父昌，石勒黃門郎。逸好學夙成，仕姚興，歷中書侍郎。為興將齊難軍司，

〔註3〕 王永平：《中古士人遷移與文化交流》第八章《北魏之南朝流亡士人與南北文化交流》，北京：社會科學文獻出版社，2005年，第183頁。

〔註4〕 王永平：《中古士人遷移與文化交流》第八章《北魏之南朝流亡士人與南北文化交流》，北京：社會科學文獻出版社，2005年，第183頁。

徵赫連屈丐。難敗，為屈丐所虜，拜著作郎。世祖平統萬，見逸所
著，曰：「此豎無道，安得為此言乎！作者誰也？其速推之。」司徒
崔浩進曰：「彼之謬述，亦猶子雲之美新，皇王之道，固宜容之。」
世祖乃止。拜中書侍郎。神䴥三年三月上巳，帝幸白虎殿，命百僚
賦詩，逸製詩序，時稱為善。久之，拜寧朔將軍、赤城鎮將，綏和
荒服，十有餘年，百姓安之。頻表乞免，久乃見許。

根據以上史料可知：首先，趙逸是以被俘者身份入於北魏，崔浩出於同
屬世族群體而對其憐憫進而在太武帝前為其保舉、以及太武帝見趙逸為時人
所重進而產生愛才之意，是趙逸在當時仕宦逐漸趨於顯赫的重要原因。其次，
趙逸任赤城鎮將在十年以上，為北魏時期胡漢上層中任職軍鎮時間較長者，
亦可謂深得太武帝信任。第三，趙逸出身北方天水大族，其對北方地區尤其
是北方邊地人情風俗、邊地民族自應熟悉，這應為太武帝任用其為北方東部
邊地赤城鎮將的不可忽視因素。

以上所論六人以歸附者、被俘者的身份出任北魏北方軍鎮鎮將，雖然以
上六人任職地點存在差異，但相同的是，上述六人所任職地點與其原來鄉里
社會存有極大的地理空間距離，這反映出北魏統治者對來自於異政權之人，
存在既要委以實權又要時刻提防的矛盾心理。

較早歸附北魏，且與諸胡族內入諸姓一樣，在北魏建立之前就已與拓跋
氏建立了臣屬關係，在拓跋氏再次復興、建立政權的過程中，在軍事與行政
中立有殊勳的漢族成員及其子嗣，亦為北魏統治者從漢族群體中選任軍鎮鎮
將時的重點關注對象。如《魏書》卷二四《張袞傳附張度傳》載：

張袞，字洪龍，上谷沮陽人也。祖翼，遼東太守。父卓，昌黎
太守。袞初為郡五官掾，純厚篤實，好學，有文才。

太祖為代王，選為左長史。從太祖征蠕蠕。蠕蠕遁走，追之五
六百里。諸部帥因袞言於太祖曰：「今賊遠糧盡，不宜深入，請速還
軍。」太祖令袞問諸部帥，若殺副馬，足三日食否。皆言足也。太
祖乃倍道追之，及於廣漠赤地南床山下，大破之。

袞常參大謀，決策幃幄，太祖器之，禮遇優厚。袞每告人曰：
「昔樂毅杖策於燕昭，公達委身於魏武，蓋命世難可期，千載不易
遇。主上天姿傑邁，逸志凌霄，必能囊括六合，混一四海。夫遭風
雲之會，不建騰躍之功者，非人豪也。」遂策名委質，竭誠伏事。

衰次子度，少有志尚，襲爵臨渭侯。上谷太守，入為武昌王師。
加散騎常侍，除使持節，都督幽州廣陽、安樂二郡諸軍事，平東將
軍，崎城鎮都大將，又轉和龍鎮都大將，所在著稱。

根據以上史料可知：首先，北魏初建，張袞就成為道武帝身邊近侍人員、
執掌文翰、參與軍政決策，可謂為道武帝身邊的核心人員，受到道武帝高度
的信任。這在當時道武帝周邊的漢族官僚中是極為少見的。其次，張袞已突
破族屬界限，對拓跋氏所建政權表現出高度的國家認同感。第三，張度作為
北魏漢族勳臣之裔，在政治向背上自然受張袞影響，視北魏政權為自己的祖
國。第四，太武帝時，張度兩次出任北魏東部、東北部邊疆地區軍鎮鎮將，亦
得到太武帝的極大信任。第五，張度兩任鎮將，在於其為漢族勳臣之裔，同
時具備軍事素養，因此成為北魏統治者選任鎮將時重點考慮的對象。

北魏統治者在選任鎮將時，亦非常關注中原漢族高門，企圖利用高門之
聲望來加強對地方的控制。如《魏書》卷四五《杜銓傳附杜洪太傳》載：

杜銓，字士衡，京兆人。晉征南將軍預五世孫也。祖胄，符堅
太尉長史。父嶷，慕容垂秘書監，仍僑居趙郡。銓學涉有長者風，
與盧玄、高允等同被徵為中書博士。初，密太后父豹喪在濮陽，世
祖欲命迎葬於鄴，謂司徒崔浩曰：「天下諸杜，何處望高？」浩對京
兆為美。世祖曰：「朕今方改葬外祖，意欲取京兆中長老一人，以為
宗正，命營護凶事。」浩曰：「中書博士杜銓，其家今在趙郡，是杜
預之後，於今為諸杜之最，即可取之。」詔召見。銓器貌瓌雅，世
祖感悅，謂浩曰「此真吾所欲也。」以為宗正，令與杜超子道生迎
豹喪柩，致葬鄴南。銓遂與超如親。超謂銓曰：「既是宗近，何緣復
僑居趙郡？」乃迎引同屬魏郡焉。遷散騎侍郎，轉中書侍郎，賜爵
新豐侯。

銓族子洪太，字道廓。延興中，為中書博士。後使高麗，除安
遠將軍、下邳太守，轉梁郡太守。太和中，除鷹揚將軍、絳城鎮將，
帶新昌、陽平二郡太守。

根據以上史料可以看出：首先，杜銓及其子嗣在北魏受重用，京兆名門
望族的出身是首要之因素。而北魏太武帝在逐步統一北方之際援引以京兆杜
氏為代表的漢族世族入職中央與地方，一方面，可利用漢族高門之聲望，加
強對地方的控制；漢族高門世代傳承家學、諳熟典章，北魏國家的運轉是離

不開漢族高門的。另一方面，京兆杜氏是當時北方一流高門大族，如能將京兆杜氏成功援引到北魏中央，標誌著北魏統治者在進一步爭取北方漢族高門上取得了重要成果，對拉攏其他地方大族亦起到有利作用。其次，史料中明確記載杜洪太長於文治，未見杜洪太之軍事素養，但其被北魏孝文帝任命為絳城鎮將，熟讀典籍、善於謀慮、更為重要的是世族出身這一因素起到關鍵作用。正如《魏書》卷一八《太武五王·廣陽王建傳附元深傳》載「皇始以移防為重，盛簡親賢，擁麾作鎮，配以高門子弟，以死防遏，不但不廢仕宦，至乃偏得復除。當時人物，忻慕為之」所反映的北魏統治者重視從胡漢高門中選任鎮將。又如《魏書》卷二四《崔玄伯傳附崔寬傳》載：

> 初，寬之通款也，見司徒浩。浩與相齒次，厚存撫之。及浩誅，以遠來疏族，獨得不坐。遂家於武城，居司空林舊墟，以一子繼浩弟覽妻封氏，相奉如親。寬後襲爵武陵公、鎮西將軍，拜陝城鎮將。二崤地嶮，民多寇劫。寬性滑稽，誘接豪右、宿盜魁帥，與相交結，傾衿待遇，不逆微細。是以能得民庶忻心，莫不感其意氣。時官無祿力，唯取給於民。寬善撫納，招致禮遺，大有受取，而與之者無恨。又弘農出漆蠟竹木之饒，路與南通，販貿來往。家產豐富，而百姓樂之。諸鎮之中，號為能政。及解鎮還京，民多追戀，詣闕上章者三百餘人。書奏，高祖嘉之。

上述史料亦反映出出身北方漢族高門清河崔氏的崔寬得以任職陝城鎮將，除北魏統治者欲利用其家族聲望以控制地方，崔寬善於馭眾與交接亦為不可忽視的因素。

若漢族高門將顯赫出身與軍事素養能有效結合，亦使其在北魏統治者選任鎮將時佔據優勢。如《魏書》卷三六《李順傳》載：

> 始光初，從征蠕蠕。以籌略之功，拜後軍將軍，仍賜爵平棘子，加奮威將軍。
>
> 世祖將討赫連昌，謂崔浩曰：「朕前北征，李順獻策數事，實合經略大謀。今欲使總攝前驅之事，卿以為何如？」浩對曰：「順智足周務，實如聖旨。但臣與之婚姻，深知其行，然性果於去就，不可專委。」世祖乃止。初浩弟娶順妹，又以弟子娶順女，雖二門婚媾，而浩頗輕順，順又弗之伏也。由是潛相猜忌，故浩毀之。至統萬，大破昌軍，順謀功居右，轉拜左軍將軍。後征統萬，遷前將軍，授

之以兵。昌出逆戰，順督勒士眾，破其左軍。及克統萬，世祖賜諸
將珍寶雜物，順固辭，唯取書數千卷。世祖善之。至京論功，以順
為給事黃門侍郎，賜奴婢十五戶，帛千四。又從擊赫連定於平涼。
三秦平，遷散騎常侍，進爵為侯，加征虜將軍，遷四部尚書，甚見
寵待。

　　沮渠蒙遜以河西內附，世祖欲精簡行人，崔浩曰：「蒙遜稱藩，
款著河右，若俾遐域流通，殊荒畢至，宜令清德重臣奉詔褒慰，尚
書李順即其人也。」世祖曰：「順納言大臣，固不宜先為此使。若蒙
遜身執玉帛而朝於朕，復何以加之？」浩曰：「邢貞使吳，亦魏之太
常。苟事是宜，無嫌於重。爾日之行，豈吳王入覲也。」世祖從之，
以順為太常，策拜蒙遜為太傅、涼王。使還，拜使持節、都督秦雍
梁益四州諸軍事、寧西將軍、開府、長安鎮都大將，進爵高平公。

　　以上史料表明李順在跟隨北魏太武帝北征柔然、西征北涼中，皆以謀略
而立有殊勳，可謂太武帝信任的漢族謀臣。因此，李順出任長安鎮都大將，
長於謀略與太武帝的信任是至關重要的因素。

　　即使非漢族世族出身，但為地方豪族，家族勢力可影響地方形勢，此類
人亦為北魏統治者選任鎮將時所青睞。如《周書》卷四四《陽雄傳》載：

　　　　陽雄字元略，上洛邑陽人也。世為豪族。祖斌，上庸太守。父
猛，魏正光中，万俟醜奴作亂關右，朝廷以猛商洛首望，乃擢為襄
威將軍、大谷鎮將，帶胡城令，以禦醜奴。

　　以上史料反映出：首先，北魏孝明帝以出身商洛之地豪族的陽雄任職大
谷鎮將，正是看重其家族在當地之聲望與威勢，通過陽雄來穩定大谷鎮地區。
其次，以商洛豪族陽氏家族來抵禦万俟醜奴叛亂勢力的東進，一方面，反映
出陽氏家族應擁有一定規模的私人武裝；另一方面，表明北魏六鎮之亂爆發
後，北魏洛陽統治集團對地方的控制力逐漸削弱，不得不借助地方豪族來加
強對地方的控制。

　　北魏軍鎮，擔負著維護地方穩定、保障邊疆地區安全的重任。因此，擔
任鎮將者，具備一定軍事素養，還是非常必要的。所以，除司馬氏、杜氏、鄭
氏、李氏等高門成員之外，北魏統治者從其他北方漢族上層選任鎮將時，軍
事素養還是至關重要的考慮因素。如《魏書》卷五一《韓茂傳附韓均傳》載：

　　　　少而善射，有將略。初為中散，賜爵范陽子，加寧朔將軍。遷

金部尚書，加散騎常侍。兄備卒，無子，均襲爵安定公、征南大將
軍。出為使持節、散騎常侍、本將軍、定州刺史，轉青冀二州刺史，
餘如故。恤民廉謹，甚有治稱。廣阿澤在定、冀、相三州之界，土
廣民稀，多有寇盜，乃置鎮以靜之。以均在冀州，劫盜止息，（獻文
帝）除本將軍、廣阿鎮大將，加都督三州諸軍事。均清身率下，明
為耳目，廣設方略，禁斷姦邪，於是趙郡屠各、西山丁零聚黨山澤
以劫害為業者，均皆誘慰追捕，遠近震蹋。

以上史料反映出善於駕馭民眾、擅長騎射與長於謀略是韓均任廣阿鎮大
將的關鍵因素，而韓均正是憑藉出眾的軍事才能，逐步穩定了廣阿地區形勢。

部分漢族成員因與北魏皇室存在姻親關係，進而得到北魏統治集團的信
任，被任命為軍鎮鎮將。如《魏書》卷九四《閹官·張祐傳附張顯明傳》載：

祐養子顯明，後名慶，少歷內職。有姿貌，江陽王繼以女妻之。
襲爵，降為隴東公，又降為侯。遷洛，廢替二十餘年，虛爵而已。
熙平初，為員外常侍、兼衛尉少卿。以元叉姊婿，故越次而授
焉。神龜二年冬，靈太后為肅宗採名家女，慶女入充世婦，未幾為
嬪，即叉甥也。正光三年，正少卿，尋出為將軍、高平鎮將。

以上述史料來看，張顯明並不具備軍事素養，但其被委以高平鎮將之職，
一方面，張顯明女嫁與北魏孝明帝，進而張顯明成為北魏外戚；另一方面，
由張顯明女為北魏後期權臣元叉外甥女，則可知張顯明應娶元叉之姊妹。由
此可見，張顯明家族與北魏皇帝、宗室權臣均有聯姻。因此，外戚與權臣元
叉姐夫或妹夫的雙重身份，是張顯明任職高平鎮將的關鍵因素。

所有曾出任北魏軍鎮鎮將的漢族成員，對北魏政權是否持有絕對的擁護
態度？抑或像刁雍、司馬文思、司馬楚之等人，迫於原政權時局的動盪，為
躲避政敵的迫害而投奔北魏，為使北魏統治者接納自己，甘願在北魏與江南
對抗中衝鋒陷陣，自己的軍事所長為北魏統治者所賞識，進而在北魏軍鎮中
佔據一席之地；最後看回歸故國無望而將仕宦命運完全寄託在北魏？還是像
北方大族高氏、崔氏等，迫於北魏的壓力，為使家族在胡族統治的環境下得
以生存，不得已小心翼翼侍奉於胡族統治者周圍？上述問題，基於正史記載
有限，或許我們對其無法予以洞悉，無法窺探上述人在當時之心態。但根據
上面的探討，可以看出，在北魏統治者眼裏，自己治下的漢族成員，對自己
是否絕對的擁護，並不是至關重要的；關鍵在於，只要對漢族成員有足夠的

支配與控制力，就可以適當地將軍鎮實權交給那些長於軍事、精於謀劃、善於御眾且謹慎侍奉於己的漢族大族。

二、北魏時期軍鎮鎮將家世出身情況

若以家世出身做為標準，可發現北魏軍鎮鎮將的來源甚廣。

1. 漢族群體

以漢族群體而言，根據文獻與墓誌，可以看出北魏軍鎮漢族鎮將來源甚廣。

（1）漢族世族成員

漢族世族成員，成為北魏統治者為鞏固統治所積極拉攏、選任地方軍政職官時所關注的對象。中原傳統大族與新晉世族成為北魏統治者選任軍鎮鎮將時的重點考慮對象（此部分包括北方政權歸附北魏的漢族大族及其後裔）。出任北魏軍鎮鎮將的中原世族成員有：楊鈞、楊□；鄭萬；杜洪太；李順、李惠、李熙、李寶；高稚、高湖；王景仁；崔寬、崔勔；韋珍；游明根；裴凝、裴修。

《魏書》卷五八《楊播傳附楊鈞傳》雖然載楊播「自云恒農華陰人」；《楊播墓誌》亦云「世推儒德，擅時才雄，實誕遺烈，有鬱先蹤」，極力渲染楊播的世族身份、風範德行。基於魏晉南北朝時期社會中下層成員攀附顯赫門庭與偽託高門的時代背景，本文審慎認為，上述史料只是表明楊播、楊鈞有弘農楊氏出身的可能。《魏書》卷五八《楊播傳》所載楊播「高祖結，仕慕容氏，卒於中山相。曾祖珍，太祖時歸國，卒於上谷太守。祖真，河內、清河二郡太守。父懿，延興末為廣平太守，有稱績。高祖南巡，吏人頌之，加寧遠將軍，賜帛三百匹。徵為選部給事中，有公平之譽。除安南將軍、洛州刺史，未之任而卒」，雖然楊播曾祖、祖父、父仕宦於北魏，但其官品大體在四品至六品之間，品階屬於中等。《魏書》卷五八《楊播傳附楊鈞傳》載楊播族弟楊鈞「祖暉，庫部給事，稍遷洛州刺史」、「父恩，河間太守」，上述職官官品大體在四品至六品之間，品階屬於中等。按照魏晉南北朝時期區別世庶之標準，楊播、楊鈞所屬家族大體可視為世族，精確來講，屬於世族中層。所以，即使楊播、楊鈞出身弘農楊氏，其可能屬於弘農楊氏的血緣遠親房支。因此，楊鈞屬於漢族世族中層群體子弟。進而可見，楊鈞出任懷朔鎮將與其家世背景並無緊密關聯，很有可能與楊鈞「頗有幹用」以及北魏統治者拉攏中層世族有關。

　　相較之下，崔寬之家族聲望明顯要高於楊鈞。《魏書》卷二四《崔玄伯傳附崔寬傳》所載：

　　　　時清河崔寬，字景仁。祖形，隨晉南陽王保避地隴右，遂仕於沮渠、李暠。父剖，字伯宗，每慷慨有懷東土，常歎曰：「風雨如晦，雞鳴不已，吾所庶幾。」及世祖西巡，剖乃總率同義，使寬送款。世祖嘉之，拜寬威遠將軍、岐陽令，賜爵沂水男。遣使與寬俱西，撫慰初附。徵剖詣京師，未至，病卒。高宗以剖誠著先朝，贈散騎常侍、鎮西將軍、涼州刺史、武陵公，諡曰元。

　　　　寬還京，拜散騎侍郎、寧朔將軍、安國子。未幾，出為弘農太守。初，寬之通款也，見司徒浩。浩與相齒次，厚存撫之。及浩誅，以遠來疏族，獨得不坐。遂家於武城，居司空林舊墟，以一子繼浩弟覽妻封氏，相奉如親。寬後襲爵武陵公、鎮西將軍，拜陝城鎮將。二崤地險，民多寇劫。寬性滑稽，誘接豪右、宿盜魁帥，與相交結，傾衿待遇，不逆微細。是以能得民庶忻心，莫不感其意氣。時官無祿力，唯取給於民。寬善撫納，招致禮遺，大有受取，而與之者無恨。又弘農出漆蠟竹木之饒，路與南通，販貿來往。家產豐富，而百姓樂之。諸鎮之中，號為能政。

　　根據以上史料，崔寬所出身清河崔氏之威望雖為北方高門大族之首，但其所屬房支與崔浩一支相較，實為清河崔氏家族的血緣遠親。崔寬先祖在北魏仕途的展開，與其較早歸附北魏、對北魏所表現出的國家認同有關。所以，崔寬主宰北魏地方軍政、仕途有趨於顯赫之勢，與其家世背景尚無過於緊密關聯之表現。

（2）北方地區漢族豪族

　　北方地區的漢族豪族由於在地方具有不可忽視的影響力，因此亦成為北魏統治者選任軍鎮鎮將時所重點關注的又一勢力（此部分包括由北方其他政權降附北魏者及其後裔）。出任北魏軍鎮鎮將的北方漢族豪族有：韓天生、劉天興、邢莨山、李兜、唐顯安、趙逸、張度、谷季孫、王斤、韓均、侯剛祖父、杜道雋、竇羅、郎育、竇瑾、王度、李惠、陳提、郝溫、公孫國、張那、趙俊、皮豹子、楊靈珍、王巢、楊鍾葵、王安都、鞏右文、公孫軌、陽猛、寇臻、屈車渠、呂豹子、孔伯孫、孔伯恭、鹿生、許洛陽、何難。

　　北魏統治者從漢族豪族成員中選任軍鎮鎮將，包括拉攏漢族豪族、利用

其影響力以更好地控制地方等目的。

《魏書》卷四六《竇瑾傳》載：

> 竇瑾，字道瑜，頓丘衛國人也。自云漢司空融之後。高祖成為
> 頓丘太守，因家焉。瑾少以文學知名。自中書博士，為中書侍郎，
> 賜爵繁陽子，加寧遠將軍。參與軍國之謀，屢有軍功。遷秘書監，
> 進爵衛國侯，加冠軍將軍，轉西部尚書。初定三秦，人猶去就，拜
> 使持節、散騎常侍、都督秦雍二州諸軍事、寧西將軍、長安鎮將、
> 毗陵公。在鎮八年，甚著威惠。徵為殿中、都官尚書，仍散騎常侍。
> 世祖親待之，賞賜甚厚。

竇瑾與東漢竇融之間世系已無從探究，但由其先祖仕宦來看，竇瑾所屬
竇氏家族至少為頓丘當地豪族。北魏太武帝以中原豪族出身的竇瑾為長安鎮
將，深層目的在於以漢族鎮將更好地控制新占中原之地，避免「初定三秦，
人猶去就」即因族屬之別可能引起的北魏胡族集團與中原漢族社會之間的矛
盾。

如《周書》卷四四《陽雄傳》載：

> 陽雄字元略，上洛邑陽人也。世為豪族。祖斌，上庸太守。父
> 猛，魏正光中，万俟醜奴作亂關右，朝廷以猛商洛首望，乃擢為襄
> 威將軍、大谷鎮將，帶胡城令，以禦醜奴。

孝明帝正光年間，六鎮亂起，不久關中、隴西等地亦陷於動盪。所以，
在全國陷入混亂、中央實力衰弱、北魏中央已不能完全有效控制各地局勢背
景下，北魏孝明帝只有利用做為「商洛首望」、「世為豪族」的陽猛為大谷鎮
將，以控制大谷當地局勢。

（3）江南歸附北魏者

江南歸附北魏者及其後裔亦成為北魏統治者選任鎮將時的重點考慮對
象。出任北魏軍鎮鎮將的江南降附者及其後裔有：刁雍、司馬休之、朱修之、
司馬文思、司馬楚之、司馬金龍、司馬躍、劉藻、韓延之、王慧龍、常珍奇、
傅永。北魏統治者任用江南降附者及其後裔為地方軍鎮鎮將，基於寵信與拉
攏、利用其原有聲望與江南對抗等目的。

如《魏書》卷三八《王慧龍傳》載：

> 王慧龍，自云太原晉陽人，司馬德宗尚書僕射愉之孫，散騎侍
> 郎緝之子也。幼聰慧，愉以為諸孫之龍，故名焉。

泰常二年，姚泓滅，慧龍歸國。太宗引見與言，慧龍請效力南
討，言終，俯而流涕，天子為之動容。謂曰：「朕方混一車書，席卷
吳會，卿情計如此，豈不能相資以眾乎？」然亦未之用。後拜洛城
鎮將，配兵三千人鎮金墉。既拜十餘日，太宗崩。世祖初即位，咸
謂南人不宜委以師旅之任，遂停前授。

初，崔浩弟恬聞慧龍王氏子，以女妻之。浩既婚姻，及見慧龍，
曰：「信王家兒也。」王氏世齇鼻，江東謂之齇鼻王。慧龍鼻大，浩
曰：「真貴種矣。」數向諸公稱其美。

根據以上史料可見：首先，南北朝時期，漢族高門甚重門第、門第婚姻，
以崔浩以女兒嫁與王慧龍來看，王慧龍應出自漢族高門太原王氏。其次，王
慧龍自江南輾轉投奔北魏，其漢族高門的出身自然會為北魏統治者看重；北
魏統治者若成功拉攏王慧龍，進而會使北魏在進一步拉攏北方漢族世族、樹
立政權正統形象、對抗江南以及與江南爭奪正朔方面佔有優勢。第三，北魏
明元帝以歸附不久的王慧龍為新占洛陽之地的軍鎮長官，一方面反映出明元
帝對王慧龍的恩寵之義，另一方面亦表明元帝有利用王慧龍鎮守南疆、對抗
江南劉宋政權的戰略意圖。

《魏書》卷三八《韓延之傳》又載：

韓延之，字顯宗，南陽堵陽人，魏司徒暨之後也。司馬德宗平
西府錄事參軍。劉裕率伐司馬休之，未至江陵，密使與延之書招之。
延之報曰：「聞親率戎馬，遠履西畿，闔境士庶，莫不怪駭。何者？
莫知師出之名故也。司馬平西體國忠貞，款愛待物，當於古人中求
耳。劉裕足下，海內之人誰不見足下此心，而復欲欺誑國士，天地
所不容，在彼不在此矣。今伐人之君，啗人以利，真可謂處懷期物，
自有由來者矣。以平西之至德，寧無授命之臣乎？假令天長喪亂，
九流渾濁，當與臧洪遊於地下，不復多言。」裕得書歎息，以示諸
佐曰：「事人當應如此。」劉裕父名翹，字顯宗，於是延之字顯宗，
名子為翹，蓋示不臣劉氏也。後奔姚興。泰常二年，與司馬文思來
入國，以延之為虎牢鎮將，爵魯陽侯。

以上史料反映出北魏明元帝欲利用韓延之對劉裕的敵對情緒，任用其為
地處北魏與江南東晉對峙前沿的虎牢鎮鎮將，以與劉裕展開對抗。

　　另據《魏書》卷三七《司馬楚之傳》，明元帝後期，司馬楚之歸附北魏，深得北魏統治者信任與重用。自北魏太武帝太平真君四年（444）至孝文帝太和十八年（483），司馬楚之與其子司馬金龍、司馬躍相繼任北魏北方重鎮雲中鎮將長達四十餘年，一方面反映出歸附北魏的東晉皇室在北魏享有極高的待遇；另一方面亦表明北魏統治者欲利用兼具皇室成員與世族身份的司馬氏成員來達到控制地方、拉攏其他江南高門以及北方高門的目的。

　　（4）閹官養子

　　北魏時期，閹官養子出任軍鎮鎮將者有二例：張顯明、仇儼。

　　《魏書》卷九四《閹官·仇洛齊傳附仇儼傳》載：

　　　　養子儼，襲。柔和敦敏，有長者風。太和中，為虎牢鎮將。

　　根據文獻，仇洛齊甚為太武帝寵幸，歷任近侍諸職以及中央、地方行政要職，進而為其養子仇儼奠定了雄厚的背景。而仇儼的仕宦逐步展開，與其為統治者近侍閹官養子身份自然有一定關聯。

　　《魏書》卷九四《閹官·張祐傳附張顯明傳》載：

　　　　祐養子顯明，後名慶，少歷內職。有姿貌，江陽王繼以女妻之。

　　　　襲爵，降為隴東公，又降為侯。遷洛，廢替二十餘年，虛爵而已。

　　　　熙平初，為員外常侍、兼衛尉少卿。以元乂姊壻，故越次而授焉。神龜二年冬，靈太后為肅宗採名家女，慶女入充世婦，未幾為嬪，即乂甥也。正光三年，正少卿，尋出為將軍、高平鎮將。

　　根據以上史料可見，張顯明以北魏統治者所寵幸之閹官養子、北魏宗室女子之夫家、北魏皇帝之外戚的多重身份出任北魏西北重鎮高平鎮將。

　　北魏時期，閹官雖然在身份地位上不足以與漢族世族與豪族以及胡族權貴相比，甚至由於干政、亂政而加深朝中官員對其的輕視與仇恨，但由於其侍從皇帝左右、接近權力核心，易於獲得皇帝的寵信與重用、出任中央要職，形成和朝中官員一樣的家世背景，進而使權力門蔭於家族成員或養子。進而言之，仇儼、張顯明仕宦，首要得益於閹官養子身份，其次得力於外戚等外界因素；更為重要的是，恭謙謹慎這一優良品格也是其出任鎮將的不可忽視因素。

　　2. 胡族群體

　　（1）宗室成員

　　北魏時期胡族成員由於自身族屬的優勢，自然成為軍鎮鎮將的核心群體。

但以家世出身考量，便可發現出任軍鎮鎮將的胡族成員來源甚為廣泛。做為胡族群體中頂級貴族、出身天潢貴胄的北魏宗室成員，在北魏軍鎮鎮將群體中佔有優勢比例。根據文獻與墓誌，出任北魏軍鎮鎮將的宗室血緣近親成員有：拓跋長壽、拓跋安壽、拓跋天賜、元英、元繼、元休、元篤、拓跋比陵、拓跋雲、拓跋猛、元朗、拓跋提、元太興、元彬、拓跋範、拓跋良、拓跋子推、拓跋道符、元楨、元英、元怡、拓跋渾、元鸞、拓跋他。出任北魏軍鎮鎮將的宗室血緣遠親成員有：拓跋莨、拓跋叱奴、拓跋蘭、元奴瓌、拓跋建、元淑、元度和、拓跋陵、拓跋拔干、拓跋素、拓跋崙。血緣遠近親疏暫不明的宗室成員有：元尼須、元業、元鷙、拓跋竭洛侯、元偃、拓跋惠壽、元勿頭、元拔。出任北魏軍鎮鎮將的宗室成員，多數人家世背景頗為顯赫。如出任懷朔鎮將的拓跋安壽，其父拓跋新成「拜征西大將軍。後為內都大官」〔註5〕；出任北魏舊都盛樂北部重鎮武川鎮的元英，其父元楨「皇興二年封，加征南大將軍、中都大官，尋遷內都大官」；「高祖即位，除涼州鎮都大將。尋以綏撫有能，加都督西戎諸軍事、征西大將軍、領護西域校尉、儀同三司、涼州刺史。徵為內都大官，出為使持節、侍中、本將軍、開府、長安鎮都大將、雍州刺史」、「議定遷都，復封南安王，食邑一千戶。出為鎮北大將軍、相州刺史」〔註6〕，以上史料反映出拓跋安壽、元英家世背景日益顯赫之勢。

　　（2）「帝室十姓」、「勳臣八姓」

　　除北魏宗室成員外，「帝室十姓」、「勳臣八姓」成員亦為北魏軍鎮鎮將中胡族上層的中堅力量。根據文獻與墓誌，出任北魏軍鎮鎮將的「帝室十姓」成員有：周觀；長孫吳兒、長孫陵、長孫烏孤、長孫壽、長孫渾、長孫百年；奚直、奚眷、奚延、奚內亦干、奚受真、奚陵、達奚長、奚兜、奚烏侯；叔孫協、叔孫建、叔孫鄰。「勳臣八姓」成員有：穆鑀、穆羆、穆翰、穆亮、穆栗、穆度孤、穆吐萬；陸延、陸俟、陸宜、陸突、陸真、陸尼；獨孤信；樓伏連、樓橐；于祚、于勁、于昕、于景、于洛拔、于栗磾；尉拔、尉眷、尉多侯。出任北魏軍鎮鎮將的「帝室十姓」、「勳臣八姓」成員的家世背景亦較顯赫。如宣武帝時期，出任沃野鎮將的于勁，其祖父于栗磾在道武帝至太武帝時任冠

〔註5〕魏收：《魏書》卷一九上《景穆十二王上・陽平王新成傳附拓跋安壽傳》，北京：中華書局，1974年，第441頁。

〔註6〕魏收：《魏書》卷一九下《景穆十二王下・南安王楨傳附元英傳》，北京：中華書局，1974年，第493～494頁。

軍將軍、鎮遠將軍、河內鎮將、黑槊將軍、豫州刺史、安南將軍、蒲坂鎮將、虎牢鎮大將、使持節、都督兗相二州諸軍事、鎮南將軍、枋頭都將、外都大官，其父于洛拔在太武帝至文成帝時先後任侍御中散、監御曹事、監御曹令、領候宮曹、使持節、散騎常侍、寧東將軍、和龍鎮都大將、營州刺史、安東將軍、外都大官、侍中、殿中尚書、尚書令，由此可見于勁家世背景呈現出日漸顯赫之勢。《魏書》卷八三下《外戚下·于勁傳》所載「于勁……太尉拔之子。頗有武略。以功臣子，又以功績，位沃野鎮將」則鮮明反映出于勁家世背景與其出任鎮將、開始在仕途中大展宏圖有著緊密關係。又如太武帝時，任虎牢鎮將、懷荒鎮將的陸俟以及太武帝時任雲中鎮將的陸宜，《魏書》卷四〇《陸俟傳》載「曾祖幹，祖引，世領部落。父突，太祖時率部民隨從征伐，數有戰功，拜厲威將軍、離石鎮將。天興中，為上黨太守、關內侯」、「俟少聰慧，有策略。太宗踐祚，拜侍郎，遷內侍，襲爵關內侯，轉龍驤將軍、給事中，典選部蘭臺事」，可見，陸俟、陸宜家世背景與其出任鎮將、仕途日趨顯赫亦有緊密關聯。

（3）北族中下層貴族

北族中下層貴族成員亦為北魏軍鎮鎮將群體中的不可忽視力量。根據文獻與墓誌，出任北魏軍鎮鎮將的北族中下層貴族成員有：孟威、可朱護野肱、宇文福、鮮于寶業、段長、苟愷、斛律謹、宇文永、萬貳、梁屈朱、宇文胡活撥、費于、羅結、豆代田、羅斤、萬振、王定州、安國、延普、和歸、宇文生、皇甫驎、乞伏寶、閻提、費萬、丘麟、侯伊莫汗、薛虎子。北族中下層貴族的家世背景雖然不及宗室、「帝室十姓」、「勳臣八姓」顯赫，但其與北魏統治者有較密切聯繫。如《魏書》卷四四《費于傳附費萬傳》載費萬曾祖父「峻，仕赫連昌，為寧東將軍。泰常末，率眾來降，拜龍驤將軍，賜爵犍為公。後遷征南將軍、廣阿鎮大將，徙爵下邳公」、費萬祖父「郁，以隨父歸誠勳，賜五等男，除燕郡太守」、費萬父費於「少有節操，起家內三郎。世祖南伐，從駕至江。以宿衛之勤，除寧遠將軍，賜爵松楊男。遷商賈部二曹令，除平南將軍、懷州刺史」、費萬本人「太和初，除平南將軍、梁國鎮將」，根據以上史料，費峻歸附北魏後便受到北魏統治者信任，被委以地方軍鎮軍權，為費氏家族在北魏的發展奠定了基礎；費郁任地方郡太守，成為地方中層行政區的最高官員；費於先任職禁衛系統、接近權力核心，後又出任州刺史，成為地方封疆大吏。費萬先祖仕宦事蹟表明費氏家世背景日趨顯赫。而費萬出任梁國鎮將

與其家世背景、先祖與北魏中央統治集團的關係日益緊密必然有著緊密關聯。

（4）漠北民族降附者

出身北魏北方民族的降附者及其後裔，亦活躍在北魏軍鎮鎮將群體中。出任北魏軍鎮鎮將的柔然降附者及其後裔有：閭阿各頭、閭虎皮、閭驎。高車降附者及其後裔：乞伏保。

《魏書》卷三〇《閭大肥傳附閭驎傳》載：

> 大肥弟驎，襲爵。出為仇池鎮將。

根據文獻相關記載，閭大肥率部分柔然王室成員在道武帝時歸附北魏後，深得北魏道武帝、明元帝、太武帝信任，出任中央與地方高級軍政職官，在北魏拓地江南、征討北方的軍事行動中扮演著重要角色。因此，北魏統治者對閭大肥及其親屬在仕宦中給予優待。可見，閭驎出任仇池鎮將，與北魏統治者拉攏與重用歸附於己的柔然王室及其後裔、進而展開對漠北民族上層的和戰攻防政策有密切關聯。

（5）前代胡族政權皇室之裔

北魏軍鎮鎮將群體中，亦有前代胡族政權皇室之裔活躍的身影。前燕王室之裔：慕容契、慕容昇、豆盧萇。南涼皇室之裔：源思禮。吐谷渾王室之裔：吐谷渾豐。

《魏書》卷四一《源賀傳附源思禮傳》載：

> 思禮，後賜名懷，謙恭寬雅，有大度。高宗末，為侍御中散。父賀辭老，詔懷受父爵，拜征南將軍。尋為持節、督諸軍，屯於漠南。還，除殿中尚書，出為長安鎮將、雍州刺史。清儉有惠政，善於撫恤，劫盜息止，流民皆相率來還。歲餘，復拜殿中尚書，加侍中，參都曹事。又督諸軍征蠕蠕，六道大將咸受節度。

源思禮出身之南涼皇室禿髮氏家族，與北魏皇室拓跋氏有著血緣之親。基於此，可以看出，北魏統治者考慮到源思禮與自己本同出一族。在族屬認同感的影響下，北魏統治者更放心任用源思禮為中原腹地重鎮長安鎮將。所以，源思禮任長安鎮將，和其與北魏皇室有著血緣之親、自身行事恭謙謹慎有著密切關聯。不可忽視的是，北魏統治者亦有通過任用源思禮為軍鎮鎮將，拉攏原北方胡族政權皇室之裔的目的。

以家世出身為探究標準，可發現胡漢群體成員出任軍鎮鎮將，實現了各自的意圖。以漢族群體而言：首先，漢族世族上層成員出任軍鎮鎮將，可進

一步鞏固其在北魏國家的政治地位,為自己的仕途進一步開拓空間,使家族顯赫門第得以延續。其次,漢族世族中下層成員出任鎮將,可憑藉軍功來拓展仕宦空間,逐步積累仕資,改變自己出身大族血緣遠親的不利背景。第三,漢族豪族出任軍鎮鎮將,可使其在門閥大族佔據仕宦大部分空間背景下,憑藉軍功獲得在仕途中進一步發展的資本,確立自己在北魏國家的地位。第四,江南歸附者出任軍鎮鎮將,亦可通過軍功,獲得北魏胡族統治者的進一步信任,融入北魏統治集團。第五,閹官養子並不完全是憑藉恩蔭,個人亦具有一定軍政素養,所以,閹官養子出任軍鎮鎮將,亦可通過軍功來改變自己為閹官養子這一為時人所鄙視的出身。以胡族群體而言:首先,北魏宗室成員出任鎮將,可憑藉軍功,進一步鞏固在北魏國家的權力核心地位。其次,「帝室十姓」、「勳臣八姓」成員出任鎮將,亦可憑藉軍功,鞏固輔弼之臣的地位。第三,在門閥政治逐步成為北魏政治形態主流,非漢族高門出身、非新晉胡族世族出身者在仕途發展中有所受限背景下,北族中下層貴族成員出任鎮將以獲取軍功,可謂是拓展仕宦空間、確立家族地位的有效途徑。第四,漠北民族降附者、前代胡族政權皇室之裔,可通過出任鎮將、取得軍功,融入北魏統治集團、特別是統治集團核心層。

三、北魏軍鎮鎮將的仕宦發展

北魏正值中原社會門第級觀念甚囂塵上的時代,雖然北魏統治者在入主北方過程中,積極與中原門閥世族建立聯繫、將中原世族援引到政權機構中以擴大自身立足中原的基礎。但是面對中原北方複雜的形勢以及北族上層融入世族群體、獲得世族身份是漸進式過程且充滿曲折的現實,北魏統治者在選任職官以及決定被選者之後的仕途發展空間時,即要看重門第背景以迎合漢族世族群體需求,又更看重被選者的才能以收處理政務之效與達到延攬各階層精英人士之目的。

1. 漢族鎮將仕宦發展

雄厚的家世背景與任鎮將時所獲得功績,有助於漢族大族成員在仕宦中的發展。如仕宦於北魏前期的渤海高氏族人,《魏書》卷三二《高湖傳》載高湖「勃海蓨人……湖少機敏,有器度,與兄韜俱知名於時,雅為鄉人崔逞所敬異」,明顯在誇耀高湖的家族門第聲望與個人才幹,而高湖「除寧西將軍、涼州鎮都大將,鎮姑臧,甚有惠政」顯然是太武帝基於門第背景與才幹綜合

考量的結果。高湖完成涼州鎮都大將任期回到平城後不久亡故,太武帝贈予
其「鎮西將軍、秦州刺史」。由高湖入魏後受到道武帝、太武帝之寵信來看,
高湖在任涼州鎮都大將後若不亡故,那麼其極有可能受到太武帝的進一步重
要,也就是說,涼州鎮都大將可能是其仕途趨於顯赫的重要中間點。《魏書》
卷三二《高湖傳附高稚傳》載高湖子高稚任薄骨律鎮將後,又任營州刺史,
成為北魏東北邊疆重州的行政長官。

對於出身地方豪族、但不具備漢族大族傳統聲望地位的人來說,任職鎮
將是其積累資歷、進入中央的最為重要途徑。如《魏書》卷二四《張兗傳附張
度傳》載:

> 兗次子度,少有志尚。襲爵臨渭侯。上谷太守,入為武昌王師。
> 加散騎常侍,除使持節、都督幽州廣陽、安樂二郡諸軍事,平東將
> 軍,崎城鎮都大將,又轉和龍鎮都大將,所在著稱。還朝為中都大
> 官。

以上史料揭示出張度借由出任地方鎮將且功績卓著而入職中央、執掌中
央司法樞機事務,為自己仕途的開拓奠定了基礎。

《魏書》卷四六《竇瑾傳》又載:

> 瑾少以文學知名。自中書博士,為中書侍郎,賜爵繁陽子,加
> 寧遠將軍。參與軍國之謀,屢有軍功。遷秘書監,進爵衛國侯,加
> 冠軍將軍,轉西部尚書。初定三秦,人猶去就,拜使持節、散騎常
> 侍、都督秦雍二州諸軍事、寧西將軍、長安鎮將、毗陵公。在鎮八
> 年,甚著威惠。徵為殿中、都官尚書,仍散騎常侍。世祖親待之,
> 賞賜甚厚。從征蓋吳,先驅慰諭,因平巴西氐、羌酋領,降下數千
> 家,不下者誅之。又降蠻酋仇天爾等三千家於五將山。蓋吳平,瑾
> 留鎮長安。還京,復為殿中、都官,曲左右執法。世祖歎曰:「古者
> 右賢左戚,國之良翰,毗陵公之謂矣。」恭宗薨於東宮,瑾兼司徒,
> 奉詔冊諡。出為鎮南將軍、冀州刺史。清約沖素,憂勤王事,著稱
> 當時。還為內都大官。

以上記載揭示出,竇瑾任長安鎮將前,仕途就已有顯赫之勢;竇瑾因任
長安鎮將期間穩定地方形勢的功績,被太武帝調任中央,先後任殿中尚書、
都官尚書、內都大官等樞要職官。

對於江南歸附北魏者,刁雍、司馬休之、朱修之、司馬文思、司馬楚之、

司馬金龍、司馬躍、劉藻、韓延之、王慧龍、常珍奇、傅永等來說，北魏統治者任用江南降附者及其後裔為地方軍鎮鎮將，不僅基於寵信與拉攏、利用其原有聲望與江南對抗等目的，更是為其日後的仕途發展奠定重要基礎。

如北魏明元帝泰常二年（417），刁雍跟隨司馬休之歸附北魏，出任鎮將後，仕宦日顯，頗受太武帝寵信。

2. 胡族群體

北魏宗室成員憑藉天潢貴胄的顯赫出身與任鎮將所積累的資歷，亦有助於其以後的仕宦發展。《魏書》卷一四《神元平文諸帝子孫·高涼王弧傳附拓跋萇傳》載拓跋萇任懷朔鎮將前只任代尹，但其任懷朔鎮將後，又先後任北中郎將、河內太守、度支尚書、侍中、雍州刺史，顯示出拓跋萇逐步接近北魏中央權力核心。

《魏書》卷一九上《景穆十二王上·陽平王新成傳附拓跋安壽傳》載拓跋安壽「累遷懷朔鎮大將」後，又出任朔州刺史、青州刺史，雖然拓跋安壽沒有入職中央，但朔州、青州為北魏北方與東部重州，所以，拓跋安壽仕途空間總體上來看，仍有顯赫之勢。

《魏書》卷一六《道武七王·京兆王黎傳附元繼傳》載孝文帝時期，「除使持節、安北將軍、撫冥鎮都大將」，「轉都督柔玄、撫冥、懷荒三鎮諸軍事，鎮北將軍、柔玄鎮大將」，「入為左衛將軍，兼侍中，又兼中領軍，留守洛京」，「尋除持節、平北將軍，鎮攝舊都」；宣武帝時期，「除征虜將軍、青州刺史」，「轉平北將軍、恒州刺史」，「入為度支尚書」，「為平東將軍，鎮遏徐揚」；孝明帝時期，「除侍中、領軍將軍」，「靈太后以子乂姻戚，數與肅宗幸繼宅，置酒高會，班賜有加。尋加侍中、驃騎大將軍、儀同三司，特進、領軍如故。徙封京兆王」，「遷司空公，侍中如故」，「轉司徒公，仍加侍中」，「轉太保，侍中如故」，「後除使持節、侍中、太師、大將軍、錄尚書事、大都督，節度西道諸軍」，「轉太尉公，侍中、太師、錄尚書、都督並如故」。據此可以看出，孝文帝時期，元繼出任撫冥鎮都大將，其仕途開始逐步獲得更多的發展機遇；元繼任官地點遍及中央與地方，但總體趨勢是以任職中央為主，也就是說，元繼任官地點的變化，標誌其逐步接近北魏權力核心。

帝室十姓與勳臣八姓成員亦可憑藉自己的顯赫出身與任鎮將所積累的資歷，來拓展自己未來的仕途。《魏書》卷二七《穆崇傳附穆鑕傳》載孝文帝時，穆鑕仕宦不顯，只任東宮庶子、汲郡太守；宣武帝時，穆鑕任懷朔鎮將後，

又先後任東北中郎將與圖、幽、涼三州刺史；孝明帝時，又任平北將軍、并州刺史、金紫光祿大夫。穆鑽仕宦經歷明顯反映出其仕途逐步顯赫、政治地位逐步提高。進而可謂，任職懷朔鎮將的經歷是穆鑽仕途進一步展開的重要因素。

《魏書》卷二七《穆崇傳附穆羆傳》載穆羆任虎牢鎮將、吐京鎮將之前，只任駙馬都尉，但其虎牢鎮將、吐京鎮將後，又先後任汾州刺史；光祿勳；鎮北將軍、燕州刺史；都督夏州、高平鎮諸軍事，鎮北將軍，夏州刺史；侍中、中書監。穆羆仕途經歷透露出穆羆逐步掌握地方軍政大權、接近中央樞要機構。

《魏書》卷三一《于栗磾傳附于洛拔傳》載于洛拔出任鎮將前，在中央任侍御中散、御曹令、候宮曹等隨侍皇帝的中層職官，但在任和龍鎮將後，其仕宦全在中央展開，先後任外都大官、侍中、殿中尚書、尚書令等執掌中央司法、政務的樞要職官，由「在朝祗蕭，百僚憚之」可見于洛拔由和龍鎮將入職中央後的仕途與權勢之顯赫。

《魏書》卷三一《于栗磾傳附于昕傳》載「員外郎，直後，主衣都統，揚烈將軍，懷朔、武川鎮將，中散大夫。孝昌中，使蠕蠕，與阿那瓌擒逆賊破洛汗聰明、出六斤等。轉輔國將軍、北中郎將、恒州大中正。又遷撫軍將軍、衛尉卿。出為鎮東將軍，殷、恒州刺史。還拜征東將軍，領左右」亦在顯示任職懷朔鎮將、武川鎮將是于昕拓展仕途空間的優勢條件。

《魏書》卷三〇《周觀傳》載周觀任職鎮將前，只任軍將長史、軍將，任雲中鎮都副將、雲中鎮都將、高平鎮將後，入職中央任執掌司法事務的內都大官，後外任北魏西部重州秦州刺史，由此亦可看出，周觀任鎮將為其在中央與地方仕宦空間的拓展奠定了重要基礎。

（3）北族中下層貴族

孟威、可朱護野肱、宇文福、鮮于寶業、段長、苟愷、斛律謹、宇文永、萬貳、梁屈朱、宇文胡活撥、費于、羅結、豆代田、羅斤、萬振、王定州、安國、延普、和歸、宇文生、皇甫驎、乞伏寶、閻提、費萬、丘麟、侯伊莫汗、薛虎子、鮮于寶業。

與北魏皇室有血緣之親的前代胡族政權皇室之裔，在北魏自然享受仕宦特權，任職鎮將的經歷更鞏固其在統治集團胡族上層中的地位。如《魏書》卷四一《源賀傳附源思禮傳》載源思禮出任長安鎮將前，就已任侍御中散、

征南將軍、殿中尚書,進入北魏統治核心層;任長安鎮將後,在孝文帝至宣武帝時期先後任殿中尚書、侍中、尚書令、司州刺史、衛大將軍、征北大將軍、夏州刺史、轉都督雍岐東秦諸軍事、征西大將軍、雍州刺史、尚書左僕射。根據源思禮任長安鎮將後的任職地點、所任職官職掌與品級,可見其為北魏統治者所倚重之程度。

即使出身與北魏皇室無血緣關係的前代胡族政權皇室之裔,任職鎮將的經歷亦為其在仕途中穩步發展的重要基石。如《魏書》卷五〇《慕容白曜傳附慕容契傳》載「白曜弟子契,輕薄無檢。太和初,以名家子擢為中散,遷宰官」、「太和末,以功遷太中大夫、光祿少卿、營州大中正,賜爵定陶男。正始初,除征虜將軍、營州刺史。徙都督沃野、薄骨律二鎮諸軍事,沃野鎮將,轉都督禦夷、懷荒二鎮諸軍事,平城鎮將,將軍並如故。轉都督朔州、沃野、懷朔、武川三鎮三道諸軍事,後將軍,朔州刺史」,以上史料揭示出,慕容契在孝文帝太和年間以出任中央職官為主,但在宣武帝時慕容契則長期任職地方。表面上來看,慕容契任職地點似乎顯示出其逐步遠離中央權力核心,但若從慕容契所任職官的職權來探究,則會發現,慕容契所任中央職官幾乎無實權,而其所任地方職官則涉及地方軍政實權,且慕容契在宣武帝正始至延昌年間長期掌握北魏北方邊地重鎮軍政實權。基於此,可以認為,慕容契任職地方軍鎮鎮將,為其仕宦逐步趨於顯赫的標誌,亦為其逐步在中央鞏固權位奠定基礎。

以上所論眾多胡族成員與漢族成員借由出任軍鎮鎮將進而逐步躋身北魏權力核心層,其中原因有哪些。本文認為:首先,與出任鎮將的眾多胡族成員與漢族成員本身具有軍事與行政素養有緊密關係。其次,與北魏內部的權力結構組成、北魏統治者對胡族與漢族集團的駕馭之策有關。拓跋統治者在塞北發展時,麾下就已集合拓跋宗族、異姓胡族,並且吸收少部分漢族士人。拓跋統治者率部入主中原北方後,麾下的胡族勢力逐步發展壯大,漢族士人集團亦成為不可忽視的力量。拓跋統治者深知,包括宗室在內的胡族成員是北魏國家的首要根基,是自己所倚重進而鞏固統治中原權力的基石;但胡族群體內部並非鐵板一塊,亦存在矛盾,具體而言,就是北族貴族勢力對皇權形成一定制約,皇權與貴族的博弈始終存在,北魏道武帝實行「計口授田」、「離散諸部」就是北魏初建後拓跋皇帝旨在削弱部落貴族權力的表現。

面對著自然、經濟與文化環境與塞外迥異的中原，拓跋統治者又需依靠漢族中上層群體幫助自己在中原進行統治，但族屬與文化的差異等因素又使拓跋統治者對漢族群體持有一定戒備心理，即對漢族官員沒有給予完全信任；且當時胡漢官員之間亦存有猜忌與輕視之心理。所以，統治集團成員族屬的多元化、拓跋統治者與拓跋宗室成員之間的矛盾、拓跋統治者與北族貴族之間的矛盾、北族貴族成員之間的矛盾、北族貴族與漢族成員之間的矛盾，必然會對北魏統治者選任鎮將、鎮將以後的仕宦發展產生影響。對北魏統治者來講，控制地方軍鎮、防止地方軍鎮勢力做大的最為有效方法，就是兼用胡族貴族與漢族成員，讓其互相牽制；對於胡族與漢族鎮將未來的仕途，北魏統治者亦對兩大集團中的能者儘量予以平衡任用，意在防止胡族貴族或者漢族官員勢力在朝中做大。以北魏北方重鎮雲中鎮為例，史籍與墓誌記載北魏時期雲中鎮將共 6 人，其中出自胡族者有陸宜、達奚內亦干，上述二人中達奚內亦幹出自「帝室十姓」家族、陸宜出自「勳臣八姓」家族；出自漢族者有朱修之、司馬楚之、司馬金龍、司馬躍，上述四人均為江南降附者。進而可見，在雲中鎮上層中，漢族鎮將勢力略微勝於胡族勢力。雲中鎮地近北魏舊都盛樂、皇陵，為連接北魏新都平城與北方六鎮防線的重要節點，軍事價值與政治意義甚為重要。對於如此特殊的軍鎮，北魏統治者為何將其軍政權力更多的給予漢族成員尤其是從江南投奔到北方者。如前所述，拓跋宗室與帝室十姓、勳臣八姓雖然為國家的核心根基，但在塞北部落傳統尚未完全從北魏國家政治舞臺消失之際，眾多胡族貴族對北魏皇帝形成了某種程度的制約、乃至威脅。北魏前期皇帝對部分宗室、胡族貴族的猜忌、殘殺就是上述矛盾的體現。基於此，我們有理由認為，北魏統治者若完全以胡族貴族成員任職軍事與政治地位特殊的雲中鎮將，塞北的胡族貴族勢力不可避免會做大，極有可能對新生的北魏皇權構成威脅。北魏統治者重用部分漢族上層成員鎮守雲中，就是利用漢族勢力來制衡北族上層。司馬楚之以歸附者的身份出任眾人難以企及的雲中鎮、為北魏統治者戍守北方邊疆，其對北魏統治者自然惟命是從。所以，北魏統治者重用司馬楚之父子、以其出任雲中鎮將、並對其任職雲中鎮將後的仕途發展機遇優厚待遇，就是適當的賦予漢族上層成員以中央與地方軍事、行政權力，讓其制衡胡族貴族，達到胡族集團與漢族集團相互制約的目的。

附論 2 北魏軍鎮集團的權力結構──元深對道武至孝明八朝軍鎮權力構成的闡釋

北魏軍鎮集團肇基於跟隨拓跋氏統治者統一中原的北族武將群體，經過道武帝、明元帝、太武帝三朝胡漢上層的初步融合而逐漸形成。北魏軍鎮集團具有族屬多元化以及內部胡漢即相互依存又相互猜忌的特點。欲洞察北魏軍鎮集團內的權力結構與矛盾，北魏孝明帝正光年間元深關於六鎮治亂興衰所上之奏疏，是一份重要的史料。《魏書》卷一八《太武五王·廣陽王建傳附元深傳》載：

> 沃野鎮人破六韓拔陵反叛，臨淮王彧討之，失利。詔深為北道大都督，受尚書令李崇節度。時東道都督崔暹敗於白道，深上書曰：
>
> 邊豎構逆，以成紛梗，其所由來，非一朝也。昔皇始以移防為重，盛簡親賢，擁麾作鎮，配以高門子弟，以死防遏，不但不廢仕宦，至乃偏得復除。當時人物，忻慕為之。及太和在歷，僕射李沖當官任事，涼州土人，悉免廝役，豐沛舊門，仍防邊戍。自非得罪當世，莫肯與之為伍。征鎮驅使，但為虞候白直，一生推遷，不過軍主。然其往世房分留居京者得上品通官，在鎮者便為清途所隔。或投彼有北，以御魑魅，多復逃胡鄉。乃峻邊兵之格，鎮人浮遊在外，皆聽流兵捉之。於是少年不得從師，長者不得遊宦，獨為匪人，言者流涕。
>
> 自定鼎伊洛，邊任益輕，唯底滯凡才，出為鎮將，轉相模習，專事聚斂。或有諸方姦吏，犯罪配邊，為之指蹤，過弄官府，政以賄立，莫能自改。咸言姦吏為此，無不切齒憎怒。
>
> 及阿那瓌背恩，縱掠竊奔，命師追之，十五萬眾度沙漠，不日而還。邊人見此援師，便自意輕中國。尚書令臣崇時節申聞，求改鎮為州，將允其願，抑亦先覺。朝廷未許。而高闕戍主率下失和，拔陵殺之，敢為逆命，攻城掠地，所見必誅。王師屢北，賊黨日盛。此段之舉，指望銷平。其崔暹隻輪不反，臣崇與臣逡巡復路。今者相與還次雲中，馬首是瞻，未便西邁，將士之情，莫不解體。今日所慮，非止西北，將恐諸鎮尋亦如此，天下之事，何易可量。

元深之奏疏，從表面上看，反映的是北魏道武帝至孝明帝時期北方軍鎮

集團的權力構成，折射出建立在血緣、族屬與信任基礎上的北方軍鎮集團上層與北魏統治者的遠近親疏以及不同群體、不同族群之人在北方軍鎮集團中所佔之地位，透射北魏統治者對北方軍鎮之政策所引起的北方軍鎮內部矛盾以及北方軍鎮集團與洛陽胡漢集團之間矛盾。但實際上，我們可藉此窺探整個北魏軍鎮集團的權力構成與軍鎮內外矛盾變化。

元深奏疏「皇始以移防為重，盛簡親賢，擁麾作鎮，配以高門子弟」之「高門」具體所指族群，應以北魏歷史發展而進行動態分析。北魏初建，胡族成員在政權中扮演著重要而積極的角色，可謂國家的支柱；漢族成員為胡族統治者在軍事與政治上出謀劃策，多以文職性職官擔任者出現在國家中。漢族官員雖為拓跋氏統治者立足中原而盡心竭力，可謂不可或缺的輔弼之臣，但以血緣族屬、內心中國家認同感強弱程度而言，漢族官員必然不及胡族成員。通過《魏書》等史籍，我們可以看出，儘管北魏道武帝初入中原後便禮敬漢族士人並委以漢族士人一定官職，實際上漢族士人受到北魏統治者寵信之程度與胡族成員相比，還是有明顯差別的。進而言之，北魏初期，漢族士人在北魏政權中並未真正佔據重要地位。而北魏初期的統治者在存有族屬之別甚至猜忌心理的情況下，仍援引一部分漢族士人，只是利用漢族士人在地方所具有之威望，將服務於自己但仍游離於北魏政權之外的士人盡量拉攏到政權中，一方面可壯大自己的勢力、擴大自己的權力基礎；另一方面，可防止漢族士人在鄉里社會收攬人心以為亂於地方。所以，在北魏初建時期，至少在北魏道武帝至明元帝時期，這是北魏逐步向中原擴張的階段，對於在此階段所得到的中原土地，北魏統治者出於族屬之別以及胡漢族群存在的矛盾，自然不會斷然、當然也不敢輕易把地方軍鎮實權之大部交給漢族士人。進而可知，元深奏疏中「擁麾作鎮」的「高門子弟」在道武帝至明元帝時期，主要以胡族成員為主，漢族士人幾乎很少能望其項背。如出身胡族勳臣八姓陸氏的陸突，《魏書》卷四○《陸俟傳附陸突傳》所載「（陸）突，太祖時率部民隨從征伐，數有戰功，拜厲威將軍、離石鎮將。天興中，為上黨太守、關內侯」，離石地處山西西部，與北魏道武帝即將規劃的新都平城相去不遠，可謂新都外圍，由此，本文認為，北魏道武帝將代地地方防務交給胡族人，應與後來遷都平城、規劃京畿周邊及外圍防禦有關。明元帝時期北魏選任鎮將情形，如《魏書》卷三一《于栗磾傳》所載「永興中，關東群盜大起，西河反叛。栗磾受命征伐，所向皆平，即以本

號留鎮平陽。轉鎮遠將軍，河內鎮將，賜爵新城男。栗磾撫導新邦，甚有威惠」與《魏書》卷四四《羅結傳》所載「羅結，代人也。其先世領部落，為國附臣。劉顯之謀逆也，太祖去之。結翼衛鑾輿，從幸賀蘭部。後以功賜爵屈蛇侯。太宗時，除持節、散騎常侍、寧南將軍、河內鎮將」，反映出北魏明元帝在對新占之地的防禦方面，亦以選用胡人為主。另據《魏書》卷三《明元帝紀》載「（神瑞元年十二月）丙申，帝北伐蠕蠕。河內人司馬順宰自號晉王。太守討捕不獲」、「（泰常二年）十有二月己酉，詔河東、河內有姚泓子弟播越民間，能有送致京師者，賞之……氐豪徐駿奴、齊元子等，擁部落三萬於雍，遣使內附。詔將軍王洛生及河內太守楊聲等西行以應之」，可知北魏明元帝通過選用胡族成員為河內鎮將、以夷治夏，實現穩固控制河內形勢的戰略目的。又如《魏書》卷三〇《奚眷傳》載「奚眷，代人也。少有將略。太祖時有戰功。太宗時為尚書、假安南將軍、虎牢鎮將，為寇所憚。世祖初，為中軍、都曹尚書，復鎮虎牢」，表明北魏統治者對尚未完全控制的南疆地區之防禦，亦主要交給胡族成員。

太武帝時期，北魏疆域與所面臨的形勢又發生了新的變化。如史籍載「聰明雄斷，威靈傑立，藉二世之資，奮征伐之氣，遂戎軒四出，周旋險夷。掃統萬，平秦隴，剪遼海，盪河源，南夷荷擔，北蠕削跡，廓定四表，混一戎華」〔註7〕，表明由於北方地區的統一、疆域版圖的快速增大以及更全面接觸漢族社會，北魏太武帝若仍將倚重的勢力侷限在胡族成員中，胡族成員人數以及統治中原經驗的有限，必然會使北魏統治者在控制與統治整個北方地區過程中遇到挑戰與困難。新的形勢決定北魏統治者在中央與地方軍政機構中除以胡族成員為核心之外，必須適當增加漢族成員比例、委以漢族成員部分實權，因為漢族成員對中原的熟悉程度、對典章的諳熟程度以及治理中原社會的經驗，是眾多胡族成員所不具備的。而適當援引漢族士人，北魏太武帝既可以利用漢族士人來統治中原，實現以夏治夏的目的，又可以借助服務於自己的漢族士人之威望來吸引更多的漢族上層加入北魏政權中進而擴大北魏的政權基礎，使胡族集團得以長久立足中原。根據本章表 4.1 以及前部分論述，太武帝時期，北魏軍鎮鎮將族屬出身呈現出多元化趨勢，雖然胡族出身者在當時鎮將任職者中仍佔據多數比例，但漢族出

〔註 7〕魏收：《魏書》卷四下《太武帝紀下》，北京：中華書局，1974 年，第 109 頁。

身者有一定程度增加。因此，元深奏疏中「擁麾作鎮」的「高門子弟」在太
武帝時所指除宗室子弟與其他胡族貴族之外，又指漢族上層。漢族上層成
員在太武帝時出任軍鎮鎮將，首先值得注意的是，部分由江南投奔北魏者
在太武帝時就已躋身北魏軍鎮高層，如刁雍、司馬文思、司馬楚之、司馬金
龍、司馬躍入魏後不久便被太武帝委以北方核心軍鎮鎮將之職，其中司馬
楚之、司馬金龍與司馬躍父子在雲中鎮將任上出現父死子繼、兄終弟及之
格局，在北魏軍鎮發展史中可謂甚為罕見。究其原因，與北魏太武帝欲利用
司馬氏、刁氏等江南世族之地位與聲望以及軍事才能來實現對北方社會的
有效控制有關。根據《魏書》相關記載可見，刁雍與司馬文思、司馬楚之等
人在北魏太武帝時懷朔、雲中、薄骨律等軍鎮地區形勢的穩定與軍鎮內部
的有效運轉中起到了關鍵性作用。除江南降附者之外，久居北方、熟悉北方
形勢、或者較早參與到北魏建國過程中的漢族中上層及其子嗣亦為太武帝
在選任鎮將時所關注。如《魏書》卷二四《張兗傳附張度傳》載上谷人張度
在太武帝時期的邊疆任職經歷「都督幽州廣陽、安樂二郡諸軍事，平東將
軍，崎城鎮都大將，又轉和龍鎮都大將，所在著稱」，張度兩次出任東北邊
疆重鎮，在當時漢族上層、乃至胡族中都較少見；「所在著稱」，反映出張度
出鎮崎城與和龍期間，對邊地實現了有效的治理。《魏書》卷三六《李順傳》
載趙郡李氏出身的李順在太武帝時「拜使持節、都督秦雍梁益四州諸軍事、
寧西將軍、開府、長安鎮都大將」，李順能躋身北魏腹地核心軍鎮，北方名
門的出身與長於謀略是關鍵因素。《魏書》卷四六《竇瑾傳》載「竇瑾……
頓丘衛國人也。自云漢司空融之後……瑾少以文學知名。自中書博士，為中
書侍郎……參與軍國之謀，屢有軍功……初定三秦，人猶去就，拜使持節、
散騎常侍、都督秦雍二州諸軍事、寧西將軍、長安鎮將、毗陵公。在鎮八年，
甚著威惠。徵為殿中、都官尚書，仍散騎常侍。世祖親待之，賞賜甚厚」，
「參與軍國之謀」，表明竇瑾在太武帝時已進入軍政決策層；竇瑾任職長安
鎮將八年，其任職時長不僅在漢族成員中較少見，就連宗室、以及其他胡族
貴族都少有能與之相比擬者。但據《魏書》卷三八《王慧龍傳》所載「（泰
常二年）慧龍歸國。太宗引見與言……後拜洛城鎮將，配兵三千人鎮金墉。
既拜十餘日，太宗崩。世祖初即位，咸謂南人不宜委以師旅之任，遂停前
授」便鮮明反映出胡族成員對漢族成員的猜忌與防範之心態，況且，太武帝

時又發生了誅殺漢族大族崔浩等部分漢族高門成員的事件。這裡就產生了一個問題，在太武帝時期胡漢衝突尚存、胡族集團對漢族成員即拉攏又防範打壓等矛盾與微妙政局之下，以刁雍、司馬楚之、張度、竇瑾等為代表的部分漢族中上層仍然取得太武帝的信任而進入軍鎮上層並且獲得較高地位，原因為何？這需要從北魏太武帝時期政局與國家權力結構入手來探究。北魏歷經道武帝至太武帝時期對外征戰，消滅了周邊的十六國殘餘政權、統一北方、甚至呈現出拓地至江淮的趨勢，征戰的勝利以及成為中原北方的新主人，極大的提高了道武帝、明元帝與太武帝的威望，對麾下的胡族貴族與漢族成員的控御以隨之逐漸增強。道武帝實行「離散諸部，分土定居，不聽遷徙，其君長大人皆同編戶」〔註8〕的政策，使北魏逐漸向中原政權的性質轉變、北魏皇帝逐漸獲得了如中原政權皇帝那樣的權威，但當時的君權尚處於待加強的階段、自然不可與中原政權的君權相比擬，而且塞北部落聯盟時期的傳統並沒有立即消失，由部落大人轉變為國家官員的諸胡族貴族對北魏皇帝仍有某些程度的制約，甚至到實行諸漢化改革措施的孝文帝時期，部分胡族貴族成員以叛亂的方式來反抗孝文帝的漢化改革。所以，對於集權欲望非常強的太武帝來說，對做為北魏政權真正根基的胡族貴族既要倚重，但又要對胡族貴族勢力進行必要的牽制。在此背景下，不管是主動還是被動服務於太武帝且在實際政治地位與實力上遜色於胡族貴族但卻擁有傳統社會地位的漢族成員自然成為太武帝可以利用的最佳人選。正如學者所論，以「客」身份出現的司馬楚之以及其他服務於北魏國家的漢族成員，之所以從太武帝那裡獲得重要的軍政職務，在於太武帝欲利用這些漢族成員「以牽制原有部落貴族的力量」〔註9〕。也就是說，北魏太武帝將部分軍鎮實權交給漢族成員，是在看到漢族成員之聲望與才能可以利用以對胡族貴族實力進行制衡，最終做出的謹慎選擇。進而可謂，在太武帝時期的軍鎮權力結構中，雖然漢族成員勢力有所增強，但出於族屬之別以及太武帝任用其為鎮將之最終目的考慮，漢族成員並沒有真正成為太武帝的心腹成員。

〔註8〕魏收：《魏書》卷八三上《外戚上‧賀訥傳》，北京：中華書局，1974年，第1812頁。

〔註9〕康樂：《從西郊到南郊——北魏的邊都與改革》，北京：北京聯合出版公司，2020年，第276頁。

表 4.3　道武帝、明元帝與太武帝時期鎮將出身表

時　　期 ＼ 鎮將出身	宗　　室		胡族貴族	漢　　族
	血緣近親	血緣遠親		
道武帝			1	
明元帝		1	4	2
太武帝	5	7	25	16

　　文成帝時期，北魏雖然繼承了太武帝時期統一北方的局面，但亦面臨太武帝頻繁對外征戰所造成的人力與物力損耗、太武帝誅殺以崔浩為代表的漢族世族官員所造成的胡漢上層矛盾以及宮廷內爭等問題。因此在動盪時局背景下即位的文成帝，必然要對北魏內外政策進行調整。正如史載「世祖經略四方，內頗虛耗。既而國釁時艱，朝野楚楚。高宗與時消息，靜以鎮之，養威布德，懷緝中外」〔註10〕。繼文成帝之後即位的獻文帝所面臨的內外形勢已逐漸朝有利於北魏的方向發展，如史載獻文帝在位期間「更清漠野，大啟南服」〔註11〕。所以，文成帝、獻文帝時期，在當時統治者調整內外政策的背景下，北魏軍鎮的權力結構中雖然胡族仍佔有優勢地位，但當時軍鎮權力格局中亦具有微妙變化。

　　史籍所言文成帝對內外之總體政策方向「與時消息，靜以鎮之，養威布德，懷緝中外」，目的在於改變太武帝「經略四方」所造成的「內頗虛耗」、「國釁時艱，朝野楚楚」〔註12〕的局面。也就是說，一方面，北魏太武帝率軍征討大夏、北燕、北涼，將北魏疆域擴張到極限狀態；對外北征柔然消除了北魏邊疆最大的威脅來源。但現實問題亦隨著出現，即如何守住四周邊疆以及如何加強對原有區域與新占區域之控制，是文成帝君臣必須要解決的問題。另一方面，太武帝因「國史之獄」等原因誅殺漢臣崔浩並擴大整肅範圍，必然在胡族群體與漢族世族群體中造成尖銳的矛盾，而此矛盾並不是短時間內可以調和的，所以，為鞏固在中原的統治，文成帝對經歷太武帝整肅以及受崔浩事件波及的漢族世族成員既要利用又要防範。在此背景下，文成帝委任胡族成員為太武帝大規模擴張之前北魏固有區域的軍鎮鎮將以加強對原有地區的控制，當然，對原有地區的控制，既有對胡族民眾的治理，更有對漢

〔註10〕魏收：《魏書》卷五《文成帝紀》，北京：中華書局，1974年，第123頁。
〔註11〕魏收：《魏書》卷六《獻文帝紀》，北京：中華書局。1974年，第132頁。
〔註12〕魏收：《魏書》卷五《文成帝紀》，北京：中華書局，1974年，第123頁。

族世族與普通民眾的控制。根據表 4.1 即可看出，文成帝時期，北魏原有區域軍鎮鎮將，胡族出身者佔有絕對比例，漢族鎮將雖然所佔比例相對有限，但部分漢族鎮將任職時間長短以及任職原因是值得關注的。對太武帝時期的新占之地，文成帝一方面主要從胡族成員中選任鎮將以加強對當地的控制，另一方面亦選任少數漢族鎮將來實現以夏治夏的目的。如北魏舊都與祖陵所在的雲中地區，《魏書》卷三七《司馬楚之傳》載「（太武帝）拜（司馬楚之）假節、侍中、鎮西大將軍、開府儀同三司、雲中鎮大將、朔州刺史，王如故。在邊二十餘年，以清儉著聞。和平五年薨，時年七十五」，據此，司馬楚之在太武帝太平真君五年（444）任雲中鎮將，直至文成帝和平五年（464），可以說，太武帝後期以及幾乎整個文成帝時期，雲中鎮將之任為司馬楚之所壟斷，此種情況在整個北魏時期都是罕見的。司馬楚之之後，獻文帝末期至孝文帝太和後期，司馬楚之子司馬金龍、司馬金龍弟司馬躍相繼出任雲中鎮鎮將，可見司馬楚之父子世襲雲中鎮將之在長達近五十年，此種情況在北魏漢族世族群體中是絕無僅有的，在北魏統治者所依靠的核心勢力即宗室與北族貴族群體中亦非常罕見。而北魏太武帝、文成帝、獻文帝、孝文帝把北魏舊都所在、北方重鎮、首都平城北部重要屏障的雲中軍事指揮權交給司馬楚之父子三人，由史籍所載「楚之父子相繼鎮雲中，朔土服其威德」〔註13〕便可看出，北魏統治者是基於司馬楚之父子的治理邊疆能力而將重鎮雲中的軍事指揮權交予司馬楚之父子手中。除此之外，司馬楚之出身東晉宗室，亦為南北方士人眼中正統之代表，因此，司馬楚之父子所具有的特殊政治地位正好可為北魏統治者利用來治理邊疆以及邊地社會漢族民眾。更為重要的是，司馬楚之雖為漢族士人出身，但其由江南投奔至北魏、其與北方大族崔浩並不具有過多的關聯，根據《魏書》相關記載，司馬楚之投奔北魏後對北魏表現出高度的國家認同感，司馬楚之又與北魏有聯姻關係，雙方之間關係是非常緊密的，所以，經歷了崔浩事件的司馬楚之並沒有對北魏存有敵意，北魏太武帝並未因族屬之異而對司馬楚之持有極強的猜忌。總之，在雙方關係極為緊密以及司馬楚之及其子嗣特殊的身份地位可以利用的背景下，司馬楚之父子自太武帝後期、歷經文成帝至獻文帝、孝文帝時期，成為當時北方重鎮雲中鎮將的最佳人選。所以，文成帝時期「擁麾作鎮」的「高門子弟」既有宗室與胡族貴

〔註13〕魏收：《魏書》卷三七《司馬楚之傳附司馬躍傳》，北京：中華書局，1974年，第 860 頁。

族，又有為北魏統治者所容易利用與掌控的漢族世族成員。

表 4.4　文成帝時期鎮將出身表

時　期 鎮將出身	宗　室		胡族貴族	漢　族
	血緣近親	血緣遠親		
文成帝	3	4	10	3

　　史籍所言獻文帝時北魏「更清漠野，大啟南服」。「更清漠野」，是指北魏北部邊疆地區形勢的改善。具體而言，始光二年（425）北魏太武帝率軍北征，使柔然「大檀部落駭驚北走」〔註14〕，從此使北魏北部邊疆地區所面臨來自於柔然的直接威脅大為減輕。神䴥二年（429）北魏太武帝再次率軍北征，促使柔然「國落四散」，直接瓦解了柔然可汗郁久閭大檀的勢力；高車又趁機「殺大檀種類」，迫使高車「前後歸降（北魏者）三十餘萬」，北魏又「俘獲（柔然）首虜及戎馬百餘萬匹」〔註15〕，致使柔然又受到削弱。同年，在北魏徵討柔然大獲全勝的基礎上，太武帝派遣軍隊征討高車，高車恐懼北魏軍威，「諸部望軍降者數十萬」〔註16〕，至此，北魏北疆所面臨的來自漠北威脅大為減輕。獻文帝又在北部邊疆地區進行積極的軍事防禦部署，以鞏固太武帝時期北疆環境改善的成果。《通典》卷一九六《邊防典第十二·蠕蠕》記載刁雍上書獻文帝「今宜依故於六鎮之北築長城，以禦北虜。雖有暫勞之勤，乃有永逸之益。即於要害，往往開門，造小城於其側，因地卻敵，多置弓弩。狄來有城可守，有兵可捍。既不攻城，野掠無獲，草盡則走，終必懲艾」，最終「帝從之，邊境獲其利」。「大啟南服」，指獻文帝時北魏向山東、江淮之地的開疆拓土。在此背景下，對於統治重心所在的北方地區、特別是北部邊疆地帶，獻文帝仍通過大量委任胡族貴族為鎮將的方式來加強對當地的控制，以鞏固胡族集團的根本所在。根據表 4.1 就可看出，獻文帝時期，北魏北方軍鎮尤其是直接事關首都平城局勢安危的北疆軍鎮鎮將中，胡族貴族出身者仍佔有優勢比例。相較於所熟悉的北方地區，北魏胡族集團對山東與江淮之地就顯得相對生疏，進而，如何有效控制對山東與江淮之間新占之地，就成為獻

〔註14〕魏收：《魏書》卷一〇三《蠕蠕傳》，北京：中華書局，1974 年，第 2292 頁。

〔註15〕魏收：《魏書》卷一〇三《蠕蠕傳》，北京：中華書局，1974 年，第 2293 頁。

〔註16〕魏收：《魏書》卷一〇三《蠕蠕傳》，北京：中華書局，1974 年，第 2293 頁。

文帝集團必須要面對的問題。也就是說，調整南疆軍鎮權力結構是獻文帝時期軍鎮權力結構調整的重點。將南方軍鎮全部交給比自己更熟悉當地的漢族成員，獻文帝顯然不會這麼做，何況獻文帝對漢族官員還有一定戒備心。如果將南方軍鎮防務全部交給胡族成員，從族屬來講，獻文帝自然會放心；但對於不熟悉山東、江淮的胡族官員來說，如何有效治理當地，會成為一個棘手問題。所以，在南方部分軍鎮鎮將中，胡漢兼用，或者讓兩者比例差距不至於懸殊，既可收以夏治夏之效，又可以胡族勢力對漢族勢力進行牽制。如獻文帝天安元年（466）十一月，「劉彧兗州刺史畢眾敬遣使內屬」〔註17〕，北魏遂佔有兗州之地。為加強對兗州的控制，北魏獻文帝在兗州治所瑕丘設置瑕丘鎮，並以廣平大族出身的游明根為首任瑕丘鎮將。史載「顯祖初，以本將軍出為東青州刺史，加員外常侍。遷散騎常侍、平東將軍、都督兗州諸軍事、瑕丘鎮將，尋就拜東兗州刺史……為政清平，新民樂附」〔註18〕，表明獻文帝以漢族官員為新置的南疆軍鎮鎮將，實現了對當地的有效治理與民心的安撫，對於北魏對當地的長久控制是非常有利的。即游明根之後，獻文帝又以代人集團出身的丘麟「為瑕丘鎮將、假平南將軍」〔註19〕，目的在於瑕丘形勢穩定之後，填補胡族勢力在當地的空白。又如獻文帝天安元年（466）九月，「劉彧司州刺史常珍奇以懸瓠內屬」〔註20〕，數月後，獻文帝即以常珍奇為懸瓠鎮將，但「歲餘，（獻文帝）徵其子超，超母胡氏不欲超赴京師，密懷南叛……珍奇乘虛於懸瓠反叛……珍奇乃匹馬逃免」〔註21〕。面對常珍奇叛亂所引起的新附之地形勢不穩以及南疆局部地區局勢動盪，獻文帝派遣尉撥等胡族貴族為南下平叛的基層統軍將領，史載「顯祖即位，為北征都將。復為都將，南攻懸瓠，破劉彧將朱湛之水軍三千人，拜懸瓠鎮將，加員外散騎常侍，進爵安城侯。顯祖嘉其聲效，復賜衣服」〔註22〕，史料中的「嘉其聲效」，反映出尉撥任懸瓠鎮將期間，有效地控制了當地形勢。由獻文帝任命江南降附者常珍奇為懸瓠鎮將、到常珍奇反叛、再到尉撥平叛、尉撥為懸瓠

〔註17〕魏收：《魏書》卷六《獻文帝紀》，北京：中華書局，1974年，第127頁。

〔註18〕魏收：《魏書》卷五五《游明根傳》，北京：中華書局，1974年，第1213頁。

〔註19〕魏收：《魏書》卷三〇《丘堆傳附丘麟傳》，北京：中華書局，1974年，第720頁。

〔註20〕魏收：《魏書》卷六《獻文帝紀》，北京：中華書局，1974年，第126～127頁。

〔註21〕魏收：《魏書》卷六一《常珍奇傳》，北京：中華書局，1974年，第1366頁。

〔註22〕魏收：《魏書》卷三〇《尉撥傳》，北京：中華書局，1974年，第729頁。

鎮將，表明獻文帝注意到在南疆新附之地所置軍鎮，若以漢族成員久居其地，不管是自己治下的漢族成員、還是由江南投奔北魏的漢族成員，其政治上的可靠性是個未知數，如果南疆地區軍鎮的漢族鎮將懷有二心，或南奔江南、或割據自立，將會給南疆地區造成極大影響。此次常珍奇叛亂幸虧尉撥率軍及時平定，後尉撥任懸瓠鎮將及時穩定當地形勢。否則，江南劉宋很可能以懸瓠為北上突破點，威脅北魏整個南疆地區。所以，在對南疆部分軍鎮權力結構調整中，獻文帝仍然亦胡族出身者為權力核心，但基於緩解胡漢衝突、以夏治夏之目的，獻文帝會適當讓漢族成員出任南疆軍鎮鎮將。

表 4.5　獻文帝時期鎮將出身表

鎮將出身 時　期	宗　室		胡族貴族	漢　族
	血緣近親	血緣遠親		
獻文帝	3	2	14	15

　　北魏孝文帝在位前期，馮太后臨朝稱制，雖然馮太后實行俸祿制、三長制與均田制等漢化改革措施，並任用李沖等漢族官員，使漢族勢力在當時國家機構中有所上升，但當時北魏國家軍政樞要機構還是掌握在宗室與胡族貴族手中。孝文帝親政後，「欽明稽古，協御天人，帝王制作，朝野軌度，斟酌用捨，煥乎其有文章」〔註23〕即實行眾多漢化改革措施，使北魏由胡族政權向漢族正朔政權轉變，漢族士人多為孝文帝所援引，但是當時北魏軍政實權大體上還是為宗室與胡族貴族所掌握。以軍鎮鎮將而言，多數軍鎮鎮將仍由宗室與胡族貴族來擔任。如北魏六鎮中的核心軍鎮懷朔鎮，史籍記載孝文帝時期懷朔鎮將有 5 人，其中拓跋萇、拓跋安壽、拓跋天賜與元頤出身北魏宗室，占當時懷朔鎮將任職者 80%；劉天興出身漢族，占比僅為 20%。撫冥鎮鎮將，孝文帝時共有 3 人，元繼、元休與元業，均出身宗室。北魏東北邊疆重鎮和龍鎮鎮將，孝文帝時有 3 人，拓跋休、拓跋猛與元思譽，均出身宗室。北魏西部重鎮統萬鎮鎮將，孝文帝時有 3 人，元太興與元彬，出身宗室；閭虎皮，為投奔北魏之柔然王族。北魏關中重鎮長安鎮，孝文帝時有 6 人，元太興、元楨與元雲，出身宗室；陸延與王定州出身北族貴族；陳提出身漢族。北魏西北重鎮涼州鎮鎮將，孝文帝時有 4 人，拓跋天賜、元楨與元鸞，出身

〔註23〕魏收：《魏書》卷七下《孝文帝紀下》，北京：中華書局，1974 年，第 187 頁。

宗室;穆栗,出身北族貴族。北魏洛陽外圍、南疆重鎮虎牢鎮鎮將,孝文帝時有 2 人,穆羆,出身北族貴族;仇儼,出身漢族。北魏東南邊疆重鎮彭城鎮鎮將,孝文帝時有 3 人,元拔,出身宗室;長孫渾,出身北族貴族;薛虎子,出身河東蜀薛。由此可以看出,宗室與北族貴族成員,做為北魏國家官僚群體與統治支柱的重要構成部分,在漢化流風日益盛行的孝文帝時期,仍掌握軍鎮實權,在軍鎮中仍佔據主導地位;漢族群體成員雖然由於孝文帝實行漢化改革而在當時的地位有顯著提升,但是從整體上來看,孝文帝也沒有將軍鎮實權過多的委以漢族成員。即使孝文帝時漢族成員得以出任軍鎮鎮將,除像司馬楚之子司馬躍繼續世襲雲中鎮將是孝文帝貫徹太武帝以作為北魏國家「客」的少數漢族高門出任中央與地方軍政職官以牽制北族貴族勢力外,其他漢族成員有機會升任鎮將者,多與孝文帝「以夏治夏」目的有關。如杜洪太在太和年間「除鷹揚將軍、絳城鎮將,帶新昌、陽平二郡太守」〔註24〕,孝文帝是考慮到其出身京兆杜氏,利用其家族威望來加強對絳城及鄰近地區的控制。還需注意的是,孝文帝時期軍鎮鎮將中,雖然宗室成員佔據重要比例,體現出孝文帝對宗室的倚重,但還要洞察出任軍鎮鎮將的宗室成員血緣親疏情況。拓跋葛為平文帝拓跋鬱律之裔,拓跋蘭為烈帝拓跋翳槐之裔,元淑為昭成帝之裔,元繼為道武帝之裔,拓跋猛為文成帝之裔,拓跋安壽、拓跋天賜、元休、元思譽、元太興、元彬、元楨、元雲、元英、元鸞為景穆帝之裔。其中拓跋葛、拓跋蘭、元淑 3 人為北魏宗室血緣遠親,元繼、拓跋猛、拓跋安壽、拓跋天賜、元休、元思譽、元太興、元彬、元楨、元雲、元英、元鸞 12 人為北魏宗室血緣近親,可見在從宗室成員中選任鎮將方面,孝文帝傾向於宗室近親。此種情況與北魏孝文帝調整宗室政策有關。太和十六年(492),北魏孝文帝下詔規定「諸遠屬非太祖子孫及異姓為王,皆降為公,公為侯,侯為伯,子男仍舊,皆除將軍之號」〔註25〕,此制在北魏洛陽時代全面推行。此項宗室政策顯示出,一方面,北魏孝文帝視道武帝之裔為宗室血緣近親,將北魏建立之前的拓跋部落聯盟首領之裔視為北魏宗室血緣遠親;另一方面,北魏孝文帝賦予宗室近親更多的實際權力,把宗室近親視為鞏固統治所倚重的核心勢力,將宗室遠親視為宗室群體的邊緣勢力。

〔註24〕魏收:《魏書》卷四五《杜銓傳附杜洪太傳》,北京:中華書局,1974 年,第 1019 頁。

〔註25〕魏收:《魏書》卷七下《孝文帝紀下》,北京:中華書局,1974 年,第 169 頁。

表 4.6　孝文帝時期鎮將出身表

時　　期 ＼ 鎮將出身	宗　　室		胡族貴族	漢　　族
	血緣近親	血緣遠親		
孝文帝	13	7	25	16

　　史載宣武帝、孝明帝時期北魏之政局「魏自宣武已後，政綱不張。肅宗沖齡統業，靈后婦人專制，委用非人，賞罰乖舛。於是釁起四方，禍延畿甸」〔註 26〕，也就是說，後宮干政、皇室內爭、權臣亂政、吏治敗壞削弱了北魏中央政府的實力，必然導致北魏洛陽中央政府對全國各地的控制逐漸顯得力不從心。而眾多軍鎮又是北魏統治者鞏固邊疆形勢、控制國內各地的重要憑藉，所以，在鎮將選任上，基於族屬、血緣與國家認同感等方面的考慮，北魏宣武帝與孝明帝仍更傾向於胡族成員。以北魏國防重鎮六鎮而言，史籍記載宣武帝、孝明帝時沃野鎮將有 4 人，孟威、慕容契、于勁與慕容昇，均出自北族貴族。北魏六鎮中的核心軍鎮懷朔鎮，宣武帝、孝明帝時有懷朔鎮將 9 人，其中陸延、穆鑅、元尼須、宇文福、叔孫協、于昕、鮮于寶業與段長出身宗室或北族貴族，楊鈞出身漢族。北魏舊都盛樂所在的武川鎮，宣武帝、孝明帝時有鎮將 6 人，其中陸延、斛律謹、于昕、茍愷與元奴瓌出身宗室或北族貴族，邢萇山出身漢族。北魏六鎮中東部重鎮柔玄鎮，宣武帝、孝明帝時有柔玄鎮將 5 人，其中茍愷、豆盧萇、宇文永與元鷙出身宗室或北族貴族，楊□出身漢族。北魏舊都平城附近的平城鎮，宣武帝、孝明帝時有平城鎮將 3 人，慕容契、元朗與樓稾出身宗室或北族貴族。史籍與墓誌所記載宣武帝、孝明帝時期北魏東部、南部、西部與中原腹地軍鎮鎮將，宗室或北族貴族仍佔據顯著優勢。進而可見，宣武帝、孝明帝時，宗室與北族貴族在軍鎮的權力結構中仍佔據主要地位。而久居中原腹地、受漢化流風影響甚深的宣武帝與孝明帝，將邊疆與內地軍鎮指揮權主要賦予宗室、北族貴族手中，是與洛陽時代背景緊密相連的。

　　根據表 4.7，宣武帝時期鎮將共有 28 人，其中宗室與胡族貴族 22 人，占總人數 78.57%；漢族成員 6 人，占總人數 21.43%。表面上看，宗室與胡族貴族成員在當時軍鎮中佔有絕對優勢，漢族集團成員勢力不如宗室與胡族貴族強盛。但若深入探究，則不難看出，北族內部不同群體在當時軍鎮中勢力亦

〔註 26〕魏收：《魏書》卷九《孝明帝紀》，北京：中華書局，1974 年，第 249 頁。

存在強弱之別，具體而言，當時鎮將中，宗室成員僅有 5 人，但胡族貴族成員就有 17 人，雙方比例約為 1：3，甚至可謂宗室成員在當時軍鎮中勢力亦不如漢族成員。宗室成員本為宣武帝的血緣親屬，是宣武帝鞏固統治所依靠的核心力量，但當時軍鎮中不同群體所佔比例似乎顯示出宗室群體並沒有得到宣武帝的充分信任與重用。而當時軍鎮中胡族貴族勢力最強、漢族群體成員次之、宗室成員再次之的權力格局是與宣武帝朝政局緊密相連的。宣武帝時，部分宗室成員尤其是血緣至親桀驁不馴、總攬大權、威脅皇權穩定的現象開始出現。如《魏書》卷三一《于栗磾傳附于烈傳》所載「世宗即位，（于烈）寵任如前。咸陽王禧為宰輔，權重當時，曾遣家僮傳言於烈曰：『須舊羽林虎賁執仗出入，領軍可為差遣。』烈曰：『天子諒闇，事歸宰輔，領軍但知典掌宿衛，有詔不敢違，理無私給。』奴悒然而返，傳烈言報禧。禧復遣謂烈曰：『我是天子兒，天子叔，元輔之命，與詔何異？』烈厲色而答曰：『向者亦不道王非是天子兒、叔。若是詔，應遣官人，所由遣私奴索官家羽林，烈頭可得，羽林不可得！』禧惡烈剛直，遂議出之，乃授使持節、散騎常侍、征北將軍、恒州刺史」便鮮明反映出元禧干預朝政。《魏書》卷二一上《獻文六王上・北海王詳傳》所載「（元）詳雖貪侈聚斂，朝野所聞，而世宗禮敬尚隆，憑寄無替，軍國大事，總而裁決。每所敷奏，事皆協允」亦反映出元詳擅權。宣武帝時期，元愉在冀州謀逆、僭越稱帝。面對宗室血緣至親的諸多不利皇權之舉，宣武帝既要對宗室尤其是血緣近親有所防範與打壓，但又不能打壓過度，因為宗室畢竟是宣武帝鞏固統治所依靠的核心力量。宣武帝對宗室成員的防範，反映在鎮將選任上，就是限制宗室成員出任鎮將的比例，同時使宗室血緣近親與遠親出任鎮將的比例大致均衡。宣武帝此舉在於：一方面，維持宗室血緣近親與遠親在軍鎮權力結構中的微妙平衡，使宗室血緣近親與遠親互相牽制；另一方面，防止宗室成員以軍鎮為依託、進而在地方勢力逐漸做大。而宣武帝大量任用胡族貴族為鎮將，既出於族屬考慮，更為重要的是可利用胡族貴族對宗室在軍鎮勢力進行制衡、對漢族鎮將在軍鎮的權力形成制約。如北魏邊疆防禦之重鎮六鎮地區，宣武帝將更多六鎮實權委以以勳臣八姓為代表的胡族貴族，較少委任宗室成員為六鎮鎮將。即使宣武帝任命宗室成員為六鎮鎮將，也只是任命宗室成員為某一軍鎮鎮將、並對宗室成員在六鎮中的權力進行諸多限制。而宣武帝任命胡族貴族成員為六鎮鎮將時，有時還擴大其在六鎮中的權勢。如宣武帝只是任命元尼須為懷朔鎮將，將元尼須行駛

職權範圍侷限於懷朔鎮，不久宣武帝又以肅貪為藉口對元尼須進行整治。但宣武帝委任出身於勳臣八姓陸氏家族的陸延為懷朔鎮將時，還讓陸延統領沃野與武川鎮軍事事務，進而使陸延在處理六鎮西部軍鎮事務時擁有更多實權與靈活性。

根據《魏書》相關記載與表 4.7，孝明帝時期宗室、胡族貴族與漢族成員在軍鎮中的權力格局大體同於宣武帝時期之態勢。此種狀態亦與孝明帝時期政局關係密切。而要明晰孝明帝時期時局與鎮將選任之關聯，必須先對北魏遷洛後中央武裝力量的基本構成有一清晰瞭解。《魏書》卷七下《孝文帝紀下》載太和十九年八月，孝文帝「詔選天下武勇之士十五萬人為羽林、虎賁，以充宿衛」，此十五萬人規模之羽林、虎賁，主要出自北族系成員。而北魏孝文帝從北族系成員中選任羽林與虎賁以充禁衛軍來保障京畿安全，和主要從宗室與北族貴族中選任軍鎮鎮將來控制邊疆與內地是相呼應的。此種格局在宣武帝與孝明帝時期仍延續。但《魏書》卷六四《張彝傳附張仲瑀傳》所載「（張仲）仲瑀上封事，求銓別選格，排抑武人，不使預在清品。由是眾口喧喧，謗讟盈路，立榜大巷，克期會集，屠害其家。彝殊無畏避之意，父子安然。神龜二年二月，羽林、虎賁幾將千人，相率至尚書省訴罵，求其長子尚書郎始均，不獲，以瓦石擊打公門。上下畏懼，莫敢討抑。遂便持火，虜掠道中薪蒿，以杖石為兵器，直造其第，曳彝堂下，捶辱極意，唱呼督督，焚其屋宇。始均、仲瑀當時踰北垣而走。始均回救其父，拜伏群小，以請父命」則反映出孝文帝遷洛之初，所有胡族成員在仕宦中會得到優厚待遇。但值得注意的是，孝文帝改定姓族、將本屬於漢族世族的門閥制度引入遷洛北族群體後，中央與地方仕途中逐漸形成了由漢族高門與新晉胡族世族所構成的新權貴集團，而此集團具有非常明顯的排他性特徵。因此，眾多胡族普通成員不免身份低微之趨勢。張仲瑀上書、請求排抑之武人，雖然指胡族下層民眾，但胡族下層民眾與洛陽胡族上層畢竟在族屬與血緣上是相同的。張仲瑀過度的排斥與打擊胡族下層民眾、堵塞其仕途，不僅會使胡族下層民眾對漢族世族、甚至對洛陽新權貴集團有所不滿，亦會觸動胡族上層原本對漢族世族就有所猜忌與防範的敏感神經。所以，孝明帝對涉及圍攻張彝父子的羽林與虎賁即胡族士兵只是象徵性的誅殺「凶強者八人」，並沒有擴大追查範圍，「不能窮誅羣豎，即為大赦以安眾心」〔註 27〕。因為孝明帝深知，從族屬與血緣方面而論，只

〔註 27〕魏收：《魏書》卷六四《張彝傳》，北京：中華書局，1974 年，第 1433 頁。

有整個胡族群體才是北魏政權的核心根基與真正所依靠的對象。因此，在通過軍鎮控制邊疆與內地上，孝明帝只有更多的依靠胡族上層。

表 4.7　宣武帝、孝明帝時期鎮將出身表

時　期 ＼ 鎮將出身	宗　室		胡族貴族	漢　族
	血緣近親	血緣遠親		
宣武帝	3	2	17	6
孝明帝	3	1	18	6

第五章　北魏軍鎮盛衰的原因──
以邊疆軍鎮為中心的考察

第一節　北魏邊疆形勢的變化

　　邊疆地區形勢的嚴峻與舒緩的變化，是影響北魏邊疆地區軍鎮地位的重要因素之一。具體而言，邊疆形勢的日益嚴峻以及邊疆以內所生活的民族表現出很強的離心傾向，是促成邊疆軍鎮的設置乃至其長久存在以及其在北魏諸軍鎮中處於核心地位的關鍵因素；若邊疆之外的強勁對手勢力逐漸衰弱，因防禦勁敵而設置的邊地軍鎮之存在必要性必然會逐漸減少，在此背景下，如果北魏統治者對邊地軍鎮經營漸趨忽視，邊地軍鎮地位必然會日益削弱。

　　《魏書》卷一〇三《蠕蠕傳》載郁久閭社崙建立柔然汗國後，柔然之勢力範圍與實力：

> 　　隨水草畜牧，其西則焉耆之地，東則朝鮮之地，北則渡沙漠，窮瀚海，南則臨大磧。其常所會庭則敦煌、張掖之北。小國皆苦其寇抄，羈縻附之，（郁久閭社崙）於是自號丘豆伐可汗。

　　上述史料反映出自北魏與漠北柔然汗國對峙局面形成後，柔然對北魏北部、西北等北方邊疆地帶形成嚴重威脅。《元朗墓誌》云「朝廷以平城舊都，形勝之會，南據獫狁之前，東連肅貊之左，保境寧民，實擬賢戚；（永平二年，宣武帝）乃除君持節、征虜將軍、平城鎮將。君遂禦夷狄以威權，導民庶以禮信。其時十餘年間，凶奴不敢南面如坐者，殆君之由矣。逮神龜二年，以母憂

去職」便反映出北魏洛陽時代北方邊地形勢仍較嚴峻。而《元朗墓誌》所云北魏宣武帝、孝明帝重視平城鎮等北方邊鎮的防守，與《魏書》卷一○三《蠕蠕傳》所載「伏圖西征高車，為高車王彌俄突所殺，子丑奴立⋯⋯醜奴壯健，善用兵。（延昌）四年，遣使侯斤尉比建朝貢。熙平元年，西征高車大破之，禽其王彌俄突，殺之，盡并叛者，國遂強盛」即宣武帝後期至孝明帝前期柔然實力的再次增強以及對北魏北方所形成的潛在威脅增加有著緊密的關聯。所以，在北方邊疆形勢嚴峻背景下，為保障北方邊地安全、實現抵禦柔然於域外的戰略目的而設置的北方邊地諸軍鎮，其地位自然非常重要。

如地處西北的高平與薄骨律二鎮，《于景墓誌》云：

> 延昌中，朝廷以河西二鎮，國之蕃屏，總旅率戎，實歸英桀，遂除君為寧朔將軍、薄骨律高平二鎮大將。君乃撫之以仁恩，董之以威信，遂能斷康居之左肩，解凶奴之右臂。西北之無虞者，實君是賴。逮神龜二年，母后當朝，幼主莅正，介身之寄，實擬忠節。復微君為武衛將軍。

地處西北的高平鎮與薄骨律鎮，與北魏六鎮中的沃野、懷朔形成東西掎角之勢，高平與薄骨律二鎮形勢的穩定與否，事關北魏北方西部邊地乃至六鎮西部局勢以及北魏能否有效控制西北地區。因此，高平與薄骨律鎮自然為北魏北方西部之「蕃屏」。而高平與薄骨律所具「蕃屏」，不僅因其在抵禦柔然、高車對西部之侵襲中發揮著重要作用，亦因上述二鎮所處邊地的複雜民族形勢有關。如《魏書》卷一○三《高車傳》載：

> 世祖征蠕蠕，破之而還，至漠南，聞高車東部在巳尼陂，人畜甚眾，去官軍千餘里，將遣左僕射安原等討之。司徒長孫翰、尚書令劉潔等諫，世祖不聽，乃遣原等并發新附高車合萬騎，至于巳尼陂。高車諸部望軍而降者數十萬落，獲馬牛羊亦百餘萬，皆徙置漠南千里之地。

《魏書》卷二九《奚斤傳附奚兜傳》又載：

> 世祖時親侍左右，隨從征討，常持御劍。後以罪徙龍城。尋徵為知臣監。出為薄骨律鎮將，假鎮遠將軍，賜爵富城侯。時高車叛，圍鎮城。兜擊破之，斬首千餘級。

《魏書》卷五八《楊播傳附楊椿傳》載：

> 初，顯祖世有蠕蠕萬餘戶降附，居於高平、薄骨律二鎮。太和

之末，叛走略盡，唯有一千餘家。太中大夫王通、高平鎮將郎育等，
求徙置淮北，防其叛走。

根據以上史料可知，北魏太武帝至獻文帝時，高平與薄骨律二鎮生活著
主動降附與被俘的柔然、高車部眾。而上述二鎮境內的柔然與高車部眾會基
於北魏與柔然雙方實力盛衰演變以及自身的利益取捨等因素，不僅在政治依
附態度上徘徊於北魏與漠北之間，甚至從上述二鎮內部威脅著西北邊地的局
勢。所以，高平與薄骨律鎮亦因所擔負監管境內所居之漠北民族部眾而具有
重要地位。至此，我們可以清晰看出促使高平鎮與薄骨律鎮地位日益重要之
因素演變：當北魏太武帝始置高平鎮與薄骨律鎮之際，上述二鎮之戰略地位
乃為單一的邊疆防禦政策所形成，與其地處北方西部抵禦漠北之前沿有密切
關係，即北魏統治者借由上述二鎮來實現控制北方西部邊地的戰略意圖；隨
著北魏對漠北征討作戰的勝利以及不斷向上述二鎮轄區遷徙漠北民族部眾，
促成上述地區的民族成分日益複雜，在此背景下，上述二鎮所擁有之戰略地
位不僅只為對外的戰略進攻與防禦，亦與對邊地以內所居之來自於漠北敵對
勢力且具有叛服不定性格的民眾的控制有關。

我們亦有必要深入分析北魏北部邊疆地帶形勢往復演變背景下，在北魏
抵禦柔然南下中原中發揮核心作用的六鎮地位的變化與否情況。本文作者在
《北魏北部邊疆與民族政策》中認為六鎮設置於北魏太武帝神䴥年間。

太武帝即位之初的始光元年（424），「八月，蠕蠕率六萬騎入雲中，殺掠
吏民，攻陷盛樂宮」〔註1〕。對此，《魏書》卷一〇三《蠕蠕傳》又載「太宗
崩，世祖即位，大檀聞而大喜，始光元年秋，乃寇雲中。世祖親討之，三日二
夜至雲中。大檀騎圍世祖五十餘重，騎逼馬首，相次如堵焉。士卒大懼，世祖
顏色自若，眾情乃安」，鮮明反映出漠北柔然是即位不久的北魏太武帝所面臨
的首要邊患來源。為解決來自於柔然的威脅，太武帝於柔然南侵的次年即始
光二年（425）率軍大規模北征，給予柔然重創，使柔然可汗郁久閭大檀率「部
落駭驚北走」〔註2〕。時隔兩年，神䴥元年（428），郁久閭大檀「大檀遣子將
騎萬餘人入塞，殺掠邊人而走」〔註3〕；神䴥二年（429），北魏太武帝再次率
軍大規模北征柔然並獲得的大捷，致使郁久閭大檀「聞之震怖，將其族黨，

〔註1〕魏收：《魏書》卷四上《太武帝紀上》，北京：中華書局，1974年，第69頁。
〔註2〕魏收：《魏書》卷一〇三《蠕蠕傳》，北京：中華書局，1974年，第2292頁。
〔註3〕魏收：《魏書》卷一〇三《蠕蠕傳》，北京：中華書局，1974年，第2293頁。

焚燒廬舍，絕跡西走，莫知所至」，於是柔然「國落四散」，其部落近於瓦解；高車又「殺大檀種類」；在柔然汗國實力嚴重受挫背景下，柔然部眾「前後歸降三十餘萬」〔註4〕。北魏太武帝為鞏固兩次削弱柔然實力的戰果，除繼續發動對柔然的主動出擊，還於神䴥年間於北部邊疆山險地帶設置六鎮，旨在進一步完善與鞏固北部邊疆的防禦。《魏書》卷三〇《來大千傳》載：

> 延和初，車駕北伐，大千為前鋒，大破虜軍。世祖以其壯勇，數有戰功，兼悉北境險要，詔大千巡撫六鎮，以防寇虜。經略布置，甚得事宜。

以上史料記載的延和年間太武帝對六鎮經營與防禦的高度關注，反映出柔然雖經過始光二年與神䴥二年北魏兩次決定性的打擊而實力受損，但主力尚存，對北魏的潛在威脅始終存在。既然柔然實力尚存、對北魏構成潛在威脅，那麼為應對北疆嚴峻形勢而設置的六鎮之存在必要性自然會極高，其在北魏北部邊疆防禦中所佔據之核心地位會日益鞏固。太平真君年間後期，北魏太武帝採取先發制人之戰略，對漠北柔然主動出擊，以進一步削弱漠北柔然實力。史載「（太平真君）十年正月，車駕北伐，高涼王那出東道，略陽王羯兒出西道，車駕與景穆自中道出涿邪山……吐賀真新立，恐懼遠遁。九月，車駕北代，高涼王那出東道，略陽王羯兒出中道，與諸軍期會於地弗池。吐賀真悉國精銳，軍資甚盛，圍那數十重，那掘長圍堅守，相持數日。吐賀真數挑戰，輒不利……吐賀真益懼，棄輜重，踰穹隆嶺遠遁……略陽王羯兒盡收其人戶畜產百餘萬。自是吐賀真遂單弱，遠竄，邊疆息警矣」〔註5〕。雖然此次征伐後，北魏北部邊疆環境又有所改善，但柔然可汗實力尚存，所以北魏太武帝仍無絲毫放鬆，對北疆經營亦非常重視。《魏書》記載太武帝後期，北魏高度重視六鎮防線的建設，鮮明反映出六鎮所擁有之地位仍如磐石之堅而不可動搖。

關於北疆形勢逐漸朝著有利於北魏發展背景下，文成帝時期北魏六鎮之地位變化，我們可從史籍窺探一二。《魏書》卷一〇三《蠕蠕傳》載：

> 太安四年，車駕北征，騎十萬，車十五萬兩，旌旗千里，遂渡大漠。吐賀真遠遁，其莫弗烏朱駕頹率眾數千落來降，乃刊石記功

〔註4〕魏收：《魏書》卷一〇三《蠕蠕傳》，北京：中華書局，1974年，第2293頁。
〔註5〕魏收：《魏書》卷一〇三《蠕蠕傳》，北京：中華書局，1974年，第2294～2295頁。

而還。世祖征伐之後，意存休息，蠕蠕亦怖威北竄，不敢復南。

根據以上史料，可以得到如下信息：既然文成帝率十萬大軍北征、意在與柔然決戰，那麼柔然的潛在實力仍不可小視；在北魏軍威震懾下，柔然部落中層首領烏朱駕頹率眾數千落歸附北魏，則鮮明反映出柔然部落實力之規模。雖然文成帝時期柔然不敢大規模南下侵魏，但北魏在當時北疆環境改善背景下，對六鎮防線仍給予高度關注，進而可見六鎮之戰略地位並沒有因邊疆環境的趨於緩和而有所減弱。

文成帝和平年間末期，柔然新即位的可汗郁久閭予成一改其父郁久閭吐賀真北上漠北以躲避北魏打擊的策略，率軍南下、襲擾北魏北疆。《魏書》卷一〇三《蠕蠕傳》載：

> 和平五年，吐賀真死，子予成立，號受羅部真可汗，魏言惠也。自稱永康元年，率部侵塞，北鎮遊軍大破其眾。皇興四年，予成犯塞，車駕北討。京兆王子推、東陽公元丕督諸軍出西道，任城王雲等督軍出東道，汝陰王賜、濟南公羅烏拔督軍為前鋒，隴西王源賀督諸軍為後繼。諸將會車駕于女水之濱，顯祖親誓眾，詔諸將曰：「用兵在奇不在眾也，卿等為朕力戰，方略已在朕心。」乃選精兵五千人挑戰，多設奇兵以惑之。虜眾奔潰，逐北三十餘里，斬首五萬級，降者萬餘人，戎馬器械不可稱計。旬有九日，往返六千餘里，改女水曰武川，遂作《北征頌》，刊石紀功。

我們可以看出，和平五年（464）柔然可汗郁久閭予成率部南侵，是導致皇興四年（470），還沒有完全擺脫內爭影響的北魏獻文帝率軍大規模北征之直接原因。從此次獻文帝對柔然征討作戰之規模來看，柔然之實力仍不可小視。

在天安、皇興年間柔然兩次南侵以及北疆形勢再次嚴峻背景下，北魏獻文帝先實行進一步完善六鎮防禦體系、後北上征討柔然的策略。《通典》卷一九六《邊防十二·北狄三·蠕蠕》載：

> 獻文帝皇興中，其主予成犯塞，征南將軍習雍上表曰：
>
> 臣聞北狄悍愚，同於禽獸。所長者野戰，所短者攻城。若以所短，奪其所長，則雖眾不能成患，雖來不能內逼。又狄散居野澤，隨逐水草，戰則與家產並至，奔則與畜牧俱逃，不齎資糧而飲食足，是以古人伐北方，攘其侵掠而已。歷代為邊患者，良由倏忽無常故

也。六鎮勢分，倍眾不鬥，互相圍逼，難以制之。

今宜依故於六鎮之北築長城，以禦北虜。雖有暫勞之勤，乃有永逸之益。即於要害，往往開門，造小城於其側，因地卻敵，多置弓弩。狄來有城可守，有兵可捍。既不攻城，野掠無獲，草盡則走，終必懲艾。宜發近州武勇四萬人，及京師二萬人，合六萬人，為武士。於苑內立征北大將軍府，選忠勇有志幹者以充其選，下置官屬。分為三軍，二萬人專習弓射，二萬人專習刀楯，二萬人專習騎矟。修立戰場，十日一習。採諸葛亮八陣之法，為平地禦寇之方。使其解兵家之宜，識旌旗之節，器械精堅，必堪禦寇。使將有定兵，兵有常主，上下相信，晝夜如一。七月發六部兵萬人，各備戎作之具。敕臺北諸屯，隨近作米供送六鎮。至八月，征北部率所鎮與六鎮之兵，直至磧南，揚威漠北。狄若來拒，與之決戰。若其不來，然後分散其地，以築長城。計六鎮東西不過千里，若一夫一月之功當三步之地，三百人三里，三千人三十里，三萬人三百里。千里之地，強弱相兼，計十萬人一月必就。運糧一月，不足為多，人懷永逸，勞而無怨。

帝從之，邊境獲其利。後帝又北討，大敗之，斬首五萬級，降者萬餘，戎馬器械不可稱計，追奔逐北旬有九日，往返六千餘里。改女水曰武川。

根據以上史料可見，獻文帝時柔然兩次南侵，不僅使北魏北疆邊疆威脅日益增加，亦使六鎮防禦體系「六鎮勢分，倍眾不鬥，互相圍逼，難以制之」的弱點暴露出來。而北魏獻文帝下令在六鎮防線以北修築長城即學界所稱之北魏六鎮長城之南線長城〔註6〕、充實六鎮防禦力量，首先，鞏固了之後北征柔然的後方基礎；其次，在邊疆形勢緩解背景下，鞏固乃至提升六鎮在抵禦漠北柔然中所佔據之核心地位。

根據《魏書》卷七上《孝文帝紀上》與卷七下《孝文帝紀下》，延興二年（472），柔然三次南下襲擾；延興三年（473），柔然兩次南侵；延興四年（474），柔然寇掠北疆防線西部；太和三年（479），郁久閭予成率十萬柔然騎兵南下；

〔註6〕內蒙古自治區文化廳、內蒙古自治區文物考古研究所：《內蒙古自治區長城資源調查報告·北魏長城卷》第一章《概述》，北京：文物出版社，2014年，第4～5頁。

太和九年（485），柔然南侵；太和十年（486），柔然兩次南侵；太和十一年（487），柔然南下侵襲。《元龍墓誌》載「太和之始，襲爵平舒男。雖猛志未申，而雄姿簡帝。會北虜寇邊，烽燧時警，妙簡勳冑，以啟戎行。乃假君寧朔將軍，龔行北討。帝親臨慰，勉獎以殊績。君前無橫陣，戰必先登，以攘敵之功，拜奉車都尉」﹝註7﹞亦與上述記載相印證，反映出太和年間北魏北部所面之威脅。所以，孝文帝前期與中期，柔然頻繁南下侵襲，北魏北部邊疆所面威脅又陡然增加。而太和後期，洛陽統治集團「所未民」且對北魏威脅最大者「漠北」﹝註8﹞居首位之觀念便是受延興至太和中期柔然頻繁寇邊影響所形成。在北疆嚴峻形勢日益明顯背景下，一方面，六鎮在北疆防禦中的地位日漸突出；另一方面，「六鎮勢分，倍眾不翩，互相圍逼，難以制之」即六鎮各自防禦所形成的防禦力量相對分散、難以協同對抗柔然大規模南侵的問題又再次暴露出來。為扭轉北魏在北疆防守中的困境，孝文帝在北疆經營中採取積極的措施。首先，太和前期，北魏孝文帝採取高閭在六鎮防線以北再次修築長城之建議，在原獻文帝時期六鎮長城南線基礎上，修築六鎮長城之北線長城﹝註9﹞，進一步加強了對六鎮防線的拱衛之勢；其次，太和後期，孝文帝設置懷朔鎮都督區與柔玄鎮都督區，至此，六鎮地區形成了以懷朔鎮為中心、統領沃野鎮與武川鎮以防守六鎮西部以及以柔玄鎮為中心、統領撫冥鎮與懷荒鎮以防守六鎮東部的協同防禦格局。可以說，孝文帝在北疆的積極經營，六鎮在防禦北魏北疆、保障北方內地安全與抵禦柔然方面所佔據之核心地位得以進一步鞏固。

宣武帝時期，雖然北魏統治集團將主要精力放在南疆及拓地江南上，但對六鎮防線之經營仍非常重視。《魏書》卷四一《源賀傳附源懷傳》載：

> 正始元平九月，有告蠕蠕率十二萬騎六道並進，欲直趨沃野、懷朔，南寇恒代。詔懷以本官，加使持節、侍中，出據北蕃，指授規略，隨須徵發，諸所處分皆以便宜從事。又詔懷子直寢徽隨懷北行。
>
> 懷旋至恒代，案視諸鎮左右要害之地，可以築城置戍之處。皆量

﹝註7﹞ 洛陽市文物管理局：《洛陽出土少數民族墓誌彙編》，鄭州：河南美術出版社，2011 年，第 24 頁。
﹝註8﹞ 魏收：《魏書》卷五三《李沖傳》，北京：中華書局，1974 年，第 1184 頁。
﹝註9﹞ 內蒙古自治區文化廳、內蒙古自治區文物考古研究所：《內蒙古自治區長城資源調查報告·北魏長城卷》第三章《六鎮北線長城》，北京：文物出版社，2014 年，第 47～48 頁。

其高下，揣其厚薄，及儲糧積仗之宜，犬牙相救之勢，凡表五十八條。表曰：「蠕蠕不羈，自古而爾。遊魂鳥集，水草為家，中國患者，皆斯類耳。歷代驅逐，莫之能制。雖北拓榆中，遠臨瀚海，而智臣勇將，力算俱竭，胡人頗遁，中國以疲。於時賢哲，思造化之至理，推生民之習業。量夫中夏粒食邑居之民、蠶衣儒步之士，表茹毛飲血之類、鳥宿禽居之徒，親校短長，因宜防制。知城郭之固，暫勞永逸。自皇魏統極，都於平城，威震天下，德籠宇宙。今定鼎成周，去北遙遠。代表諸蕃北固，高車外叛，尋遭旱儉，戎馬甲兵，十分闕八。去歲復鎮陰山，庶事蕩盡，遣尚書郎中韓貞、宋世量等檢行要險，防過形便。謂準舊鎮東西相望，令形勢相接，築城置戍，分兵要害，勸農積粟，警急之日，隨便剪討。如此則威形增廣，兵勢亦盛。且北方沙漠，夏乏水草，時有小泉，不濟大眾。脫有非意，要待秋冬，因雲而動。若至冬日，冰沙凝厲，遊騎之寇，終不敢攻城，亦不敢越城南出，如此北方無憂矣。」世宗從之。今北鎮諸戍東西九城是也。

根據以上史料，我們可以看出：首先，正始元年（504），柔然十二萬騎兵南下侵魏，表明柔然實力再次恢復、北魏北方邊患威脅再次增加，因此才有北魏統治者派遣官員巡視北疆以及北疆邊備鬆弛問題的暴露。「鎮陰山，庶事蕩盡」，反映出孝文帝遷洛至宣武帝正始初期，北魏北部邊疆防禦存在漸趨鬆弛的現象，受此影響，六鎮之地位必然隨之衰弱。其次，源懷發現北疆邊備鬆弛後，遷徙部分軍鎮鎮城以使六鎮東西連成一線、增設城池與戍堡以增加六鎮防線防禦設施之密度進而消除六鎮內部以及六鎮各個轄區相接壤區域中的防禦空白點，至此六鎮「六鎮勢分，倍眾不鬪」的弱點才大體上得以解決。所以，六鎮地位在孝文帝末期至宣武帝時期經歷了由漸趨衰弱至再次增強的變化過程。不可忽視的是，北魏宣武帝至孝明帝時期，漠北形勢的變化，亦為影響六鎮地位演變的重要因素。當時漠北柔然在新任可汗郁久閭阿那瓌泊下，實力再次復興。這意味著北魏北部邊疆地區形式逐漸嚴峻。進而使六鎮在北疆防禦中的地位再次凸顯出來。

史載「魏自宣武已後，政綱不張。肅宗沖齡統業，靈后婦人專制，委用非人，賞罰乖舛。於是釁起四方，禍延畿甸，卒於享國不長」〔註10〕、「魏自

〔註10〕魏收：《魏書》卷九《孝明帝紀》，北京：中華書局，1974年，第249頁。

孝昌之末，天下淆然，外侮內亂，神器固將無主」〔註11〕，表明動盪時局、
國力的衰弱以及統治集團內爭，必然會影響洛陽統治集團對北疆之經營。尤
其是正光五年（524）沃野鎮人破六韓拔陵發動的六鎮起事，使原為北魏統治
者固守北疆的六鎮集團與北魏洛陽統治集團之關係有原來的君臣親密無間變
為緊張對立，北魏北部邊疆軍鎮防線從此逐漸瓦解。《元彧墓誌》云「正光之
末，艱虞每起，戍卒跋扈，搖盪疆塞」〔註12〕；《魏書》卷一四《神元平文諸
帝子孫·高涼王孤傳附元天穆傳》載「北鎮紛亂，所在蜂起，六鎮蕩然，無復
蕃捍」鮮明反映出六鎮之亂瓦解了六鎮在北疆防禦中的核心地位。

第二節　北魏國家實力的演變

　　北魏國家實力盛衰之變化，決定了依國家而存在的邊疆軍鎮地位之起伏
變化。

　　《魏書》卷二《道武帝紀》載：

　　　　晉氏崩離，戎羯乘釁，僭偽紛糺，豺狼競馳。太祖顯晦安危之
　　　　中，屈伸潛躍之際，驅率遺黎，奮其靈武，克剪方難，遂啟中原，
　　　　朝拱人神，顯登皇極。雖冠履不暇，栖遑外土，而制作經謨，咸存
　　　　長世。所謂大人利見，百姓與能，抑不世之神武也。

　　上述史料反映出處於肇基階段的道武帝時期，一方面，北魏通過延攬四
方賢能之士，逐步充實與完善國家機構與制度；另一方面，北魏通過對周邊
政權的軍事征討，國家疆域不斷向外擴張，尤其是公元 395 年參合陂之戰，
北魏戰勝後燕，為自己對外擴張疆域清除了最大的障礙，奠定了北魏由地方
割據政權向統一北方政權的轉變基礎。也就是說，道武帝在位的中後期，北
魏國家實力的逐步增強，為當時軍鎮制度在邊疆地區的鞏固以及在後來由邊
疆逐步向內地推廣、實行奠定重要基礎。

　　《魏書》卷三《明元帝紀》載：

　　　　太祖英雄，北驅朔漠，末年內多釁隙。明元抱純孝之心，逢梟
　　　　鏡之禍，權以濟事，危而獲安，隆基固本，內和外輯，以德見宗，

〔註11〕魏收：《魏書》卷一○《孝莊帝紀》，北京：中華書局，1974 年，第 268 頁。
〔註12〕洛陽市文物管理局：《洛陽出土少數民族墓誌彙編》，鄭州：河南美術出版社，
　　　　2011 年，第 110 頁。

良無愧也。

根據上述史料以及《魏書》所載相關史實,明元帝時期,北魏版圖有所擴張;但由於道武帝時期的連年對外擴張、統治集團內爭所造成的國力損耗以及明元帝即位後統治集團內爭較激烈,北魏需要休養生息,此種局面促使明元帝在施政時必然要以「隆基固本」為核心。就國內而言,明元帝通過繼承原有軍鎮與新設軍鎮,加強對固有之地與新拓之地的控制。如明元帝時,北魏設置廣阿、平原、河內、虎牢等軍鎮,重視上述軍鎮鎮將選任、保障軍鎮的物資與兵員補給,來加強對新占之地的控制。

《魏書》卷四下《太武帝紀下》載:

> 世祖聰明雄斷,威靈傑立,藉二世之資,奮征伐之氣,遂戎軒
> 四出,周旋險夷。掃統萬,平秦隴,翦遼海,盪河源,南夷荷擔,
> 北蠕削跡,廓定四表,混一戎華,其為功也大矣。

根據上述史料以及《魏書》記載相關史實,太武帝時期,北魏對漠北柔然給予決定打擊,北魏北部邊疆形勢有所緩解;公元 431 年,北魏進攻大夏,取得削弱大夏實力的戰果;公元 436 年,北魏吞併北燕;公元 439 年,北魏進佔北涼全境,完成北方的統一。由於疆域的擴張、人口的增加,北魏實力顯著增加。在此基礎上,北魏太武帝通過繼承原有軍鎮,更多的是在邊疆與內地新置軍鎮,來實現禦敵於域外、保障邊地形勢穩定、加強對原有領土與新占之地的控制。進而可謂,在國家實力逐漸趨於雄厚且周邊強勁勢力存在的背景下,北魏太武帝必然對境內軍鎮尤其是邊疆地區軍鎮給予高度關注,充分保障軍鎮的物質資源與兵員補給。所以,太武帝時期,北魏境內的軍鎮自然佔有重要地位。

《魏書》卷五《文成帝紀》載:

> 世祖經略四方,內頗虛耗。既而國豐時艱,朝野楚楚。高宗與
> 時消息,靜以鎮之,養威布德,懷緝中外。

根據上述史料以及《魏書》記載相關史實,太武帝時期,北魏對周邊勢力進行頻繁的征討作戰,雖然邊疆嚴峻形勢有所緩解、北方地區得以統一,但北魏實力也受到一定程度損耗;太武帝拓跋燾與太子拓跋晃父子之間矛盾、太武帝誅殺漢族世族官員崔浩等所引起的胡漢之間矛盾,使統治集團內部受到損失、引起政局動盪,北魏再次需要休養生息。所以,北魏文成帝統治集團對通過軍鎮固守邊疆、控制國內各地是非常重視的,可謂文成帝時,北魏

邊疆與內地軍鎮仍佔有重要地位。

《魏書》卷六《獻文帝紀》載：

> 聰叡夙成，兼資能斷，其顯祖之謂乎？故能更清漠野，大啟南服。

根據上述史料以及《魏書》記載相關史實，獻文帝時，北魏國力有較大規模恢復，在軍事上亦較活躍，明顯體現包括：一方面，北魏修築六鎮長城南線，將北部邊疆進一步向陰山北部推進；另一方面，北魏在向南擴張領土上取得重要進展，《讀史方輿紀要》卷四《歷代州域形勢四·南北朝·後魏》所載「獻文之世，長淮以北悉為魏有」便鮮明反映出北魏南部疆域向南推進之趨勢。在南北邊疆向外擴張的背景下，獻文帝通過繼承原有軍鎮、新置軍鎮如瑕丘鎮、東萊鎮等，以加強對固有之地與新占之地的控制。所以，獻文帝時，軍鎮在北魏統治的鞏固中仍發揮重要作用。

《魏書》卷七下《孝文帝紀下》載：

> 有魏始基代朔，廓平南夏，闢壤經世，咸以威武為業，文教之事，所未遑也。高祖幼承洪緒，早著叡聖之風。時以文明攝事，優游恭己，玄覽獨得，著自不言，神契所標，固以符於冥化。及躬總大政，一日萬機，十許年間，曾不暇總，殊途同歸，百慮一致，至夫生民所難行，人倫之高跡，雖尊居黃屋，盡蹈之矣。若乃欽明稽古，協御天人，帝王制作，朝野軌度，斟酌用捨，煥乎其有文章，海內生民咸受耳目之賜。加以雄才大略，愛奇好士，視下如傷，役己利物，亦無得而稱之。其經緯天地，豈虛諡也。

以上史料雖然反映出北魏孝文帝統治政策存在由武向文轉變的趨向，史料亦記載孝文帝時期北魏北部邊疆經略有鬆弛跡象，表面上，當時北魏國家實力與平城時代相比有明顯衰弱，實則不然。因為《魏書》等史籍記載孝文帝仍實施積極經略邊疆與向外擴張之政策，如若沒有雄厚國力做為保障，當時北魏不可能進行上述活動。在軍事方面，一方面，北魏孝文帝下令修築六鎮長城北線，以將北疆防線向北推進、進一步鞏固北方安全；另一方面，孝文帝時，北魏在南拓方面仍取得一定進展，如《讀史方輿紀要》卷四《歷代州域形勢四·南北朝·後魏》所載「齊建武二年，魏主弘遷洛陽，漸圖南略，五年遂取沔北五郡」。所以，在鞏固既有領土與新占之地的控制上，軍鎮在當時仍起到重要作用。

《魏書》卷八《宣武帝紀》載：

世宗承聖考德業，天下想望風化，垂拱無為，邊徼稽服。而寬以攝下，從容不斷，太和之風替矣。

上述史料所反映宣武帝時期北魏實力變化情況與孝文帝時期相似，不能單純從由文向武轉變趨勢以及北疆邊備漸顯鬆弛來考量。雖然宣武帝時期北魏北部邊疆之鬆弛與北魏國力變化有關，但更多是由於北魏遷都洛陽、統治者關注重心南移有關。總體上來看，宣武帝時期，北魏國力還是比較強盛的。如《讀史方輿紀要》卷四《歷代州域形勢四·南北朝·後魏》所載「宣武恪時又得壽春，復取淮西，續收漢川，至於劍閣」便反映出當時北魏在南拓方面取得明顯戰果。既然國力較強盛，當時北魏統治者對軍鎮在保境安民方面的作用還是有著清晰認識的。如《元朗墓誌》云「（永平三年）朝廷以平城舊都，形勝之會，南據獫狁之前，東連肅貊之左，保境寧民，實擬賢戚，乃除君持節、征虜將軍、平城鎮將。君遂禦夷狄以威權，導民庶以禮信。其時十餘年間，凶奴不敢南面如坐者，殆君之由矣」便反映出宣武帝集團重視對軍鎮的經營與利用。進而可以說，宣武帝時期，北魏邊疆與內地軍鎮仍佔有磐石之堅的地位。

《魏書》卷九《孝明帝紀》載：

魏自宣武已後，政綱不張。肅宗沖齡統業，靈后婦人專制，委用非人，賞罰乖舛。於是釁起四方，禍延畿甸，卒於享國不長。

《魏書》卷一〇《孝莊帝紀》載：

魏自孝昌之末，天下淆然，外侮內亂，神器固將無主。莊帝潛思變化，招納勤王，雖時事孔棘，而卒有四海。猾逆既剪，權強擅命，抑是兆謀運智之秋，勞謙夕惕之日也。未聞長轡之策，遽深負刺之恐，謀謨罕術，授任乖方，猜嫌行戮，禍不旋踵。嗚呼！胡醜之為釁也，豈周衰晉宋而已哉！

上述史料反映出，宣武帝時期，政局尚未陷入完全動盪中；至孝明帝時，後宮干政、宗室內爭、吏治混亂使北魏政局日益動盪、國家實力亦逐漸被削弱。在此背景下，北魏洛陽統治集團對邊疆與內地軍鎮所給予之關注，自然不能和之前相比。由於六鎮集團與洛陽統治集團在文化認同上日益疏遠以及雙方在政治與經濟上的矛盾日益尖銳，孝明帝正光年間爆發的六鎮之亂瓦解了北魏北部邊疆防線，削弱了北方軍鎮原有的磐石之堅地位，其他軍鎮地位亦在北魏後期的動盪時局中被逐漸削弱。

第三節　北魏統治重心的遷移

　　太和十八年（494），北魏孝文帝遷都洛陽後，北魏統治集團的關注重心便逐漸轉移到自己的南疆地區、以及拓地江南方面。再者，北魏孝文帝施政上也逐步由武向文轉變，《魏書》卷七下《孝文帝紀下》又載：

> 有魏始基代朔，廓平南夏，闢壤經世，咸以威武為業，文教之事，所未遑也。高祖幼承洪緒，早著叡聖之風。時以文明攝事，優游恭己，玄覽獨得，著自不言，神契所標，固以符於冥化。及躬總大政，一日萬機，十許年間，曾不暇給，殊途同歸，百慮一致，至夫生民所難行，人倫之高跡，雖尊居黃屋，盡蹈之矣。若乃欽明稽古，協御天人，帝王制作，朝野軌度，斟酌用捨，煥乎其有文章，海內生民咸受耳目之賜。

　　以上史料反映出北魏孝文帝施政重點也在適當的由武功向文治轉變。既然孝文帝在內政上致力於實行諸多漢化改革措施，而孝文帝投放於邊疆以及對外關注的重點又集中於南方，所以，政治重心南遷洛陽，對於北部邊疆軍鎮來說，其在北魏洛陽統治者心中地位的最終演變趨勢就是逐漸趨於衰弱。

　　雖然遷洛後的孝文帝重視北部邊疆軍鎮鎮將選任、設置懷朔鎮與柔玄鎮都督區以加強北疆軍鎮的協同防守，但由於關注方向的轉變，北魏洛陽統治集團對北部邊疆軍鎮經營所投入的物力與財力資源等與之前相較必然會逐步減輕、對北疆之重視程度亦不如之前。所以，《魏書》記載的北魏宣武帝在位初期之陰山地區「庶事蕩盡」，反映出孝文帝遷洛後北部邊疆軍鎮地位已有動搖與衰弱之趨勢。實際上，孝文帝遷都，起著分裂北魏中央統治集團與北部邊疆軍鎮力量整合以及分散北魏胡族核心力量、削弱北方邊鎮地位的作用。而早在北魏明元帝時期，就有胡漢官員對明元帝欲遷鄴之舉對北魏帶來的潛在不利影響上書直諫，《魏書》卷三五《崔浩傳》載：

> 神瑞二年，秋穀不登，太史令王亮、蘇垣因華陰公主等言讖書國家當治鄴，應大樂五十年，勸太宗遷都。浩與特進周澹言於太宗曰：「今國家遷都於鄴，可救今年之飢，非長久之策也。東州之人，常謂國家居廣漠之地，民畜無算，號稱牛毛之眾。今留守舊都，分家南徙，恐不滿諸州之地。參居郡縣，處榛林之間，不便水土，疾疫死傷，情見事露，則百姓意沮。四方聞之，有輕侮之意，屈丐、蠕蠕必提挈而來，雲中、平城則有危殆之慮，阻隔恒代千里之險，

雖欲救援，赴之甚難，如此則聲實俱損矣。今居北方，假令山東有變，輕騎南出，耀威桑梓之中，誰知多少？百姓見之，望塵震服。此是國家威制諸夏之長策也。至春草生，乳酪將出，兼有菜果，足接來秋，若得中熟，事則濟矣。」太宗深然之。

　　崔浩上書，反映出以下信息：首先，遷都會使北魏統治集團與勢力根基所在的代北出現脫節問題，會使脫離眾多胡族力量拱衛的北魏統治集團全面身處中原內地，而中原內地華夏族群當時是否完全對北魏政權表現出國家認同、對與自己文化迥異的胡族集團是否從內心擁護，尚屬未知。其次，遷都中原內地，必然會增加新都與北部邊疆地區之間的地理空間距離，新都與北方邊疆之間信息互通的時效性亦必然受到影響，北魏統治集團亦不會像首都抵近北方邊疆背景下對北方邊疆與軍鎮之形勢演變進行快速而準確的應對，進而使坐鎮新都的統治集團對北方邊疆與軍鎮的控制力被逐漸削弱。

　　北魏孝文帝遷都洛陽之際，也有胡族官員直指遷都之弊，《魏書》卷一四《神元平文諸帝子孫·武衛將軍謂傳附拓跋丕傳》載：

　　　高祖欲遷都，臨太極殿，引見留守之官大議。乃詔丕等，如有所懷，各陳其志。燕州刺史穆羆進曰：「移都事大，如臣愚見，謂為未可。」高祖曰：「卿便言不可之理。」羆曰：「北有獫狁之寇，南有荊揚未賓，西有吐谷渾之阻，東有高句麗之難。四方未平，九區未定。以此推之，謂為不可。征伐之舉，要須戎馬，如其無馬，事不可克。」高祖曰：「卿言無馬，此理粗可。馬常出北方，廄在此置，卿何慮無馬？今代在恒山之北，為九州之外，以是之故，遷于中原。」羆曰：「臣聞黃帝都涿鹿，以此言之，古昔聖王不必悉居中原。」高祖曰：「黃帝以天下未定，居于涿鹿，既定之後，亦遷于河南。」尚書于果曰：「臣誠不識古事，如聞百姓之言，先皇建都於此，無何欲移，以為不可。中原其如是所由擬，數有簒奪。自建邑平城以來，與天地並固，日月齊明。臣雖管見膚淺，性不昭達，終不以恒代之地，而擬伊洛之美。但以安土重遷，物之常性，一旦南移，懼不樂也。」丕曰：「陛下去歲親御六軍討蕭氏，至洛，遣任城王澄宣旨，敕臣等議都洛。初奉恩旨，心情惶越。凡欲遷移，當訊之卜筮，審定吉否，然後可。」高祖謂丕曰：「往在鄴中，司徒公誕、咸陽王禧、尚書李沖等皆欲請龜占移洛吉凶之事。朕時謂誕等曰，昔周邵卜宅

伊洛，乃識至兆。今無若斯之人，卜亦無益。然卜者所以決疑，此既不疑，何須卜也。昔軒轅卜兆龜焦，卜者請訪諸賢哲，軒轅乃問天老，天老謂為善。遂從其言，終致昌吉。然則至人之量未然，審於龜矣。朕既以四海為家，或南或北，遲速無常。南移之民，朕自多積倉儲，不令窘乏。」丕曰：「臣仰奉慈詔，不勝喜舞。」高祖詔羣官曰：「卿等或以朕無為移徒也。昔平文皇帝棄背率土，昭成營居盛樂；太祖道武皇帝神武應天，遷居平城。朕雖虛寡，幸屬勝殘之運，故移宅中原，肇成皇宇。卿等當奉先君令德，光跡洪規。」前懷州刺史青龍，前秦州刺史呂受恩等仍守愚固，帝皆撫而答之，辭屈而退。

根據以上史料，可以看出如下信息：

首先，從以于果等為代表的胡族官員上書來看，不能單一的從地理環境之優劣與正朔角度，去衡量平城所在的恒代之地與洛陽所在的伊洛之地孰優孰劣；而應從北魏統治集團之根基所在、北魏統治集團與胡族民眾力量整合的角度去審視新都究竟在抵近塞北之地、還是位於中原內地。就洛陽而言，洛陽雖然位於中原內地，歷史上曾做為東漢、西晉等華夏正朔的首都，進而成為正統之代表；洛陽亦地近江南，便於北魏統治者坐鎮指揮南下江南的軍事行動，但由於洛陽距離平城以及北部邊疆地區較遠，雙方之間的信息溝通以及北魏統治者若坐鎮洛陽後對北部邊疆軍鎮與邊疆態勢之控制力必然會受到影響。以平城而論，平城地近塞北、臨近邊疆，雖然平城在自然環境、文化基礎等方面不及洛陽，但平城畢竟屬於拓跋統治者先祖所經營之地，屬於拓跋氏集團實力根基所在，拓跋氏統治者立足平城，可很好利用胡族勢力以實現鞏固政權以及控制北部邊疆乃至全國之戰略目的；一旦拓跋氏統治者離開平城、南下遷洛，北魏統治集團與留居北方的胡族部眾之間的緊密關係會逐漸削弱，北魏政權鞏固統治所依靠的胡族社會基礎亦會隨之削弱。

其次，北魏遷都，必然會增加統治集團中的胡族群體與留居北方的胡族群體之間的裂痕。反對孝文帝遷都的胡族官員于果所言「安土重遷，物之常性，一旦南移，懼不樂也」，表面上看，胡族民眾是由於氣候環境的因素而留戀北方，但其深層含義，則為遷都必然會使南遷洛陽的胡族集團與戍守北方邊疆、留居北方的胡族集團在文化認同、國家認同上的距離逐漸增加以及使分布南北兩方的胡族群體在政治、經濟等方面產生尖銳矛盾。而六鎮之亂爆

發後，元深上書孝明帝力陳邊鎮叛亂之根源，與孝文帝即將遷都時部分胡族官員之擔憂幾乎一致。《魏書》卷一八《太武五王·廣陽王建傳附元深傳》載：

> 邊暨構逆，以成紛梗，其所由來，非一朝也。昔皇始以移防為重，盛簡親賢，擁麾作鎮，配以高門子弟，以死防遏，不但不廢仕宦，至乃偏得復除。當時人物，忻慕為之。
>
> 及太和在歷，僕射李沖當官任事，涼州土人，悉免廝役，豐沛舊門，仍防邊戍。自非得罪當世，莫肯與之為伍。征鎮驅使，但為虞候白直，一生推遷，不過軍主。然其往世房分留居京者得上品通官，在鎮者便為清途所隔。或投彼有北，以御魑魅，多復逃胡鄉。乃峻邊兵之格，鎮人浮遊在外，皆聽流兵捉之。於是少年不得從師，長者不得遊宦，獨為匪人，言者流涕。

《北齊書》卷二三《魏蘭根傳》又載：

> 正光末，尚書令李崇為本郡都督，率眾討茹茹，以蘭根為長史。因說崇曰：「緣邊諸鎮，控攝長遠。昔時初置，地廣人稀，或徵發中原強宗子弟，或國之肺腑，寄以爪牙。中年以來，有司乖實，號曰府戶，役同廝養，官婚班齒，致失清流。而本宗舊類，各各榮顯，顧瞻彼此，理當憤怨。更張琴瑟，今也其時，靜境寧邊，事之大者。宜改鎮立州，分置郡縣，凡是府戶，悉免為民，入仕次敘，一准其舊，文武兼用，咸恩並施。此計若行，國家庶無北顧之慮矣。」崇以奏聞，事寢不報。

以上記載反映出：遷都之前：一方面，北魏統治者為北方邊鎮集團提供優厚的待遇以使其安心固守北部邊疆，北方邊鎮集團通過捍衛北疆、與南下的漠北柔然廝殺而獲得顯赫仕途與豐厚的物質利益回報，進而雙方形成唇亡齒寒的利益共同體；另一方面，北魏孝文帝實行大規模漢化改革之前，北魏國家官制等方面是胡漢二元制，社會文化上胡族文化風俗做為主流文化形態之一而流行於北方，北魏平城胡族統治集團與北方胡族民眾在文化認同上未有明顯差距。遷都之後：一方面，洛陽胡族集團與北方邊疆地區的胡族民眾尤其是六鎮集團在政治、經濟等方面的矛盾日益尖銳，北方邊鎮成員完成戍邊任務後不再「偏得復除」而是為「清途所隔」，最終導致北方邊鎮成員地位日趨衰落。另一方面，北魏洛陽胡族集團與北方邊鎮集團在文化認同上的距離逐漸增加，以洛陽胡族集團而言，孝文帝所實行的改定姓族、推廣漢語與

漢服、提倡胡漢通婚等漢化措施之影響所及，主要是遷洛的胡族集團成員，《魏書》等史籍所記載的漢化頗深、取得士人身份的胡族成員主要生活於洛陽地區；以北方邊鎮胡族成員而論，邊防邊鎮原本地近漠北、胡風甚盛，華夏文化在當地流行的空間較有限，北方邊疆地區受孝文帝漢化改革影響又非常有限，所以，原本在族屬、文化上同出的洛陽胡族集團與北方邊鎮集團在文化認同上的距離逐漸增加，日益世族化的洛陽胡族集團成員對仍保持胡風的北方邊鎮胡族成員逐漸有嗤之以鼻的態度。文化認同差異的日益明顯以及南北方胡族集團在政治、經濟上的矛盾日漸尖銳，不僅削弱北方邊鎮之地位，亦最終削弱北方邊鎮胡族集團對北魏國家的認同感，而六鎮叛亂的爆發，則鮮明反映出孝文帝遷都與漢化改革，使北方邊鎮喪失了原有的核心地位、原本為北魏統治集團戍守北方邊疆的北方邊鎮胡族集團逐步站到了北魏洛陽統治集團的對立面。還需注意的是，孝文帝實行的諸多漢化改革措施，除加劇洛陽集團與北方邊鎮集團之間在文化、政治等方面的矛盾，亦逐漸削弱胡族昔日的尚武精神，在某種程度上使國家武備漸趨鬆弛。清代學者就已指出孝文帝漢化改革對北魏國家未來的影響，如《廿二史劄記》卷一四《魏齊周隋書並北史》「魏孝文帝遷洛」載：

> 蓋帝優於文學，惡本俗之陋，欲以華風變之，故不憚為此舉也。
> 　然國勢之衰實始於此，一傳而宣武，再傳而孝明，而鼎祚移矣。蓋
> 　徒欲興文治以比於古地望，不知武事已漸馳矣。

上述史料，一方面，反映出北魏國家完全從武質向文治的轉換必然使國力，尤其是軍事實力受到削弱；另一方面，亦反映出北魏軍鎮由盛及衰。而清代陸世儀在《論學酬答》中指出：

> 太平之時，郡縣治之而有餘；危亂之世，非建鎮控之則不足。
> 　秦漢以來皆然。

以上史料以時間視角，探究包括北魏軍鎮在內的軍事鎮戍存在的必要性。以北魏時期而論，拓跋統治者入主中原，對內，先後面臨中原地方對拓跋統治集團的反抗叛亂、北方內部胡族勢力的叛亂；對外，在北疆面臨漠北勁敵柔然的威脅，在南疆面臨江南政權的壓力。即使在北魏統一北方、國力達到鼎盛的時期，拓跋統治集團所面臨內外形勢亦較嚴峻。所以，從時間與空間兩個角度考量，軍鎮的存在是必要的，且事關北魏政權安危。《宋史》卷四四二《文苑四‧尹源傳》所載尹源《唐說》「世言唐所以亡，由諸侯之強，此未

極于理。夫弱唐者,諸侯也。唐既弱矣,而久不亡者,諸侯維之也。燕、趙、魏首亂唐制,專地而治,若古之建國,此諸侯之雄者,然皆恃唐為輕重。何則?假王命以相制則易而順,唐雖病之,亦不得而外焉。故河北順而聽命,則天下為亂者不能遂其亂;河北不順而變,則奸雄或附而起」〔註13〕雖然指唐代河北藩鎮形勢是否鞏固關涉唐代天下、至少是唐代北方黃河流域之穩定,但若據此溯源,換一時間思考對象,即以北魏而論,做為北魏後期軍鎮重中之重、北族原本根基地帶所在的六鎮,自六鎮起事爆發後,據正史文獻所載,一方面,北魏境內各地在較短時間內相繼陷入亂局;另一方面,洛陽中央集團似乎由於不再有軍鎮做為依靠,逐漸失去對各地局勢的控制力。

第四節　軍鎮機構由精練到漸趨繁冗

由於六鎮在北魏軍鎮中佔據核心、關鍵地位,六鎮能否正常運轉涉及北魏邊防重地北疆地區形勢穩定,所以,北魏統治集團對六鎮關注自然極高。與此相應,當時官方檔案與史籍關於軍鎮機構之記載,多集中於六鎮方面。因此,本文亦根據六鎮機構繁冗與否,來審慎探究北魏軍鎮機構演變情況。

《魏書》卷四一《源賀傳附源懷傳》載:

> (宣武帝景明年間,源懷)巡行北邊六鎮、恒燕朔三州,賑給貧乏,兼采風俗,考論殿最,事之得失,皆先決後聞。
>
> 懷又表曰:「景明以來,北蕃連年災旱,高原陸野,不任營殖,唯有水田,少可菑畝。然主將參僚,專擅腴美,瘠土荒疇給百姓,因此困弊,日月滋甚。諸鎮水田,請依地令分給細民,先貧後富,若分付不平,令一人怨訟者,鎮將已下連署之官,各奪一時之祿,四人已上奪祿一周。北鎮邊蕃,事異諸夏,往日置官,全不差別。沃野一鎮,自將已下八百餘人,黎庶怨嗟,僉曰煩猥。邊隅事勌,實少幾服,請主帥吏佐五分減二。」詔曰:「省表具恤民之懷,已敕有司,一依所上,下為永準。如斯之比,不便於民,損化害政者,其備列以聞。」時細民為豪強陵壓,積年枉滯,一朝見申者,日有百數。所上事宜便於北邊者,凡四十餘條,皆見嘉納。

〔註13〕（元）脫脫:《宋史》卷四四二《文苑四・尹源傳》,北京:中華書局,1985年,第13082頁。

　　以上史料反映出：首先，沃野鎮機構中，自鎮將以下之屬吏達八百餘人，其繁冗程度甚為嚴重，勢必影響沃野鎮在軍事與行政方面的效率，亦會增加沃野鎮支出。其次，由於六鎮在抵禦北魏最大邊患威脅來源即漠北柔然勢力、保障北魏北部邊疆安全乃至保障北魏政局穩定方面發揮極為關鍵作用，其地位及所擁有之待遇自然與中原內地軍鎮甚為不同，所以，北魏統治者在六鎮機構設置上，給予其特殊待遇，即史籍所載「往日置官，全不差別」。適當增加六鎮機構屬吏規模，對於軍鎮中軍政事務之處理以及行政效率之保障，起到促進作用。但無限制擴大軍鎮屬吏規模，表面上看，軍鎮內處理繁雜事務時不會有人力缺乏之問題，但規模龐大的屬吏最終對軍鎮內各項軍政事務的及時有效處理會起到遲滯作用。所以，規模龐大的屬吏隊伍，對六鎮磐石之堅的地位，最終起到瓦解的作用。而源懷上述所指軍鎮機構繁冗之問題，絕不僅在六鎮有所反應，至少在整個北方軍鎮體系中是存在的。

第五節　自然環境因素

　　《孫臏兵法‧月戰》載：

> 天時、地利、人和，三者不得，雖勝有殃。

　　史料中的「天時」，即指對軍事征討作戰與軍事佈防戍守影響最大的自然氣候，「地利」指自然地勢對軍事作戰進程與軍事戍守產生影響的自然地理環境。

　　根據以上幾部分探究，北魏邊疆形勢的演變、國家綜合實力的變化、統治重心的遷移、軍鎮內部機構由精練到漸趨繁冗等人為因素促使北魏邊疆軍鎮地位經歷了由磐石之堅到逐漸衰弱的變化過程。除上述人為因素，自然地理環境亦為影響北魏邊疆軍鎮地位的重要因素，對於地處北部邊疆地區的軍鎮而言，自然地理環境對當地軍鎮地位之影響更為明顯。

　　首先，陰山山脈分布於內蒙古中部、河北北部，陰山山脈北麓地勢相對平緩、南麓地勢較陡峭。陰山山脈自西向東由狼山、色爾騰山、烏拉山、大青山、涼城山、樺山與大馬群山組成，上述陰山各分支對古代中原政權起著拱衛作用。如《續資治通鑑長編》卷三〇載北宋太宗端拱二年戶部郎中張洎奏議分析前代中原政權與當時北宋抗衡漠北民族之態勢「中國所恃者，險阻而已。朔塞而南，地形重阻，深山大谷，連互萬里，蓋天地所以限華戎，而絕內外也。雖冒頓之盛，稱雄代北，控弦百萬，與大漢爭鋒，擁眾南侵，裁及白登

而止。自時厥後，逮至隋、唐，匈奴恃強，或犯關塞，終未有窺兵中夏，徑越邊防……自飛狐以東，重關複嶺，塞垣巨險，皆為契丹所有。燕薊以南，平壤千里，無名山大川之阻，蕃漢共之。此所以失地利，而困中國也」便鮮明反映出以山川險阻為主要特徵的北方邊地地勢是古代中原政權抗衡漠北游牧民族南下、保障北方邊疆安全中可利用的天然屏障，佔據此天然屏障，中原政權在與漠北游牧民族的對抗中便會佔據上風。所以，古代中原政權經營北方邊疆，多以陰山一線為依託而展開。就北魏而言，北魏明元帝下令修築泰常八年長城、北魏太武帝設置六鎮、獻文帝下令修築六鎮長城南線、孝文帝下令修築六鎮長城北線，均以陰山一線為根基，由南向北逐步推進北疆防線。而六鎮防線與陰山一線大體上平行。北魏太武帝所置之六鎮中的懷朔鎮、武川鎮、撫冥鎮、柔玄鎮與懷荒鎮均在陰山北部險要之地，沃野鎮在陰山西部以南的黃河衝擊平原。如沃野鎮故城「地處黃河沖積平原，北依狼山，南隣烏梁素海」〔註 14〕，所處地理位置非常重要；懷朔鎮故城城圈圖古城「南依陰山，北依蒙古高原，西南去 40 公里即是穿越陰山的咽喉要道「稒陽道」」〔註 15〕。所以，陰山這一得天獨厚的山險，賦予處在抵禦漠北柔然南下中原前沿的六鎮以及附近軍鎮重要的地位。

其次，北方地區氣候變化亦對軍鎮地位產生影響。本文作者在《北魏北部邊疆與民族政策研究》中曾論述北方地區異常惡劣氣候的發生，為漠北民族帶來巨大生存壓力，漠北民族為解決來自於氣候的壓力，必然會向漠南、中原北方邊疆地帶遷徙，進而為中原北方邊疆以及北方內地帶來威脅〔註 16〕。北方氣候的變化影響所及，不僅僅侷限於漠北，還對北魏經營北部邊疆帶來不利影響。

如《魏書》卷一一二上《靈徵志上》載：

（太平）真君八年五月，北鎮寒雪，人畜凍死。

太和二年七月庚申，武川鎮大風，吹失六家，羊角而上，不知所在。

〔註 14〕內蒙古自治區文物考古研究所：《內蒙古文化遺產叢書·巴彥淖爾文化遺產》，北京：文物出版社，2014 年，第 217 頁。

〔註 15〕內蒙古自治區文物考古研究所：《內蒙古文化遺產叢書·包頭文化遺產》，北京：文物出版社，2014 年，第 138 頁。

〔註 16〕王萌：《北魏北部邊疆與民族政策研究》，新北：花木蘭文化事業有限公司，2019 年，第 17～18 頁。

（正始）二年二月癸卯，有黑風羊角而上，起於柔玄鎮，蓋地
一頃，所過拔樹。

《魏書》卷五《文成帝紀》載：

（太安五年）冬十有二月戊申，詔曰：「……六鎮、雲中、高平、
二雍、秦州，徧遇災旱，年穀不收。其遣開倉廩以賑之。」

以上記載所反映的惡劣氣候、自然災害必然會嚴重影響六鎮戍卒日常生
活與戍守北疆、六鎮日常的軍政運轉，加劇了六鎮內部形勢之嚴峻，對六鎮
之地位會起到潛在的削弱作用。

綜上所論，漠北勁敵柔然的存在，使北魏北部邊疆形勢嚴峻，這成為六
鎮存在的必要前提與地位日漸重要的外部環境基礎；漠北柔然實力的逐漸衰
弱，會潛在削弱六鎮存在的必要性，六鎮之地位亦會受到影響。山川險阻這
一有利地勢奠定了依託陰山而設置的六鎮的重要地位。北魏國家實力由盛及
衰的演變，使六鎮地位經歷了由高到低的演變過程。六鎮機構的繁冗與內部
矛盾瓦解了六鎮內部根基。日益惡劣的氣候環境在一定程度上打亂了六鎮正
常運行軌跡。本文認為，應以北魏國家實力強弱變化為核心，結合其他因素，
方可洞悉北魏時期六鎮地位之變化。在北魏前期與中期，國家實力逐漸強盛、
北魏在與柔然對峙中逐步居於上風背景下，雖然漠北柔然勢力漸顯衰弱，但
由於其實力尚存；雖然當時北方地區有惡劣氣候現象，但其發生頻率較低，
所以，北魏前期、中期，六鎮大體上佔據磐石之堅的地位。在北魏後期國家
實力衰弱、內部動盪背景下，漠北柔然逐步復興，北魏在與柔然對峙中又漸
顯吃力；同時北方地區極端氣候頻繁，而北魏洛陽統治集團對極端氣候對六
鎮所形成的影響又不能及時有效應對；六鎮內部上層與下層的矛盾漸趨尖銳，
動搖著六鎮根基，上述諸因素逐步蠶食著山川險阻地勢所賦予的六鎮磐石之
堅的地位。

結　語

　　北魏軍鎮存在的時間，幾乎與北魏歷史相始終。自道武帝皇始年間，隨著拓跋集團逐步向中原內地擴張勢力，北魏在即將設置新都的山西之地始置軍鎮；至孝文帝太和前期，北魏眾多軍鎮在邊疆與內地相繼設置。北魏軍鎮在抵禦周邊勢力入侵、捍衛邊疆以及平定內部叛亂、控御中原方面發揮著不可替代的重要作用。以分布地域而言，北魏北方及北方邊疆地帶、中原內地、南方及南方邊疆地帶，是北魏軍鎮的重點分布區域所在。以北魏統治重心與統治集團對外關注方向的迥然有別而言，可以看出北魏平城時代與洛陽時代軍鎮分布所體現的統治集團戰略意圖。北魏平城時代，北方及北方邊疆地帶軍鎮擔負著捍衛北疆、護衛京畿平城的雙重軍事職能，南方及南方邊疆地帶軍鎮只有捍衛南疆之職責，中原內地軍鎮則主要控御中原各地。北魏洛陽時代，當時存在之軍鎮，北方及北方邊疆地帶軍鎮只有捍衛北疆之職責，相反地，南方及南疆地帶軍鎮則擔負著捍衛南疆、拱衛京畿洛陽的雙重軍事職能，中原內地軍鎮以控御中原各地為首要職責。不可忽視的是，邊疆地帶與中原內地軍鎮除具有戍衛邊疆與內地職能外，彼此之間亦存有一定程度的相互牽制，進而可使北魏中央統治者無地方軍事長官形成割據之勢的憂慮。做為與中原在政治、經濟與文化等方面迥異甚至在上述方面曾落後於中原社會的拓跋集團，其能在中原北方能維近一個半世紀的統治，與眾多軍鎮捍衛邊疆、控御內地、相互牽制是密不可分的。

　　自然因素對北魏軍鎮防禦體系規劃布局產生了重要影響。在研究對象上，本書以北魏北部邊疆軍鎮防禦體系為探討的核心，而不是將全部北魏軍鎮納入探究，因為在資料記載的完整性、考古資料的可利用性方面，北魏北部邊

疆軍鎮尤其是六鎮最具代表性。北魏北部邊疆軍鎮防禦體系，主要分布在今河北、內蒙古、寧夏、甘肅、青海與新疆境內。北魏北部邊疆軍鎮防禦體系主要分布於中國三級階梯中的第一與第二階梯之內，地勢由東向西逐步增高，地形以山地、高原為主。北魏北部邊疆大部分地區相對肥沃的土地，是北魏統治者集團在北疆進行農業生產、北疆軍鎮得以立足與運轉的重要基礎。北魏統治者遵循前代中原政權「因地形，用制險塞」的軍事思想，在北部邊疆陰山山險、交通衝要之地設置沃野、懷朔、武川、撫冥、柔玄與懷荒六個軍鎮，以憑險據守、控制連接陰山南北的交通孔道，進而構築起保障北方邊疆安全、拱衛中原內地的堅固屏障。

北魏軍鎮機構考論方面，本書將全部北魏軍鎮納入探討範圍，以期構建清晰、完整的北魏軍鎮機構。北魏統治者為保障軍鎮內部軍政的正常、有效運轉，在軍鎮內設置了系統的高中低級職官。隨著北魏漢化進程的加深，北魏統治者不僅在中央與地方州郡縣職官設置上逐漸採用中原典章；在軍鎮機構方面，亦效法中原漢制，進而使軍鎮內部形成了武職與文職兩個職官系統，分別掌管軍鎮中的軍事與行政事務。鎮將做為軍鎮的最高軍事指揮官，執掌軍鎮中的武職與文職系統。副將做為鎮將的輔佐。武職系統職官有：別將、戍將、軍將、都將、統軍、軍主、隊主、參軍、監軍；文職系統職官有：長史、省事、戶曹史、功曹史、函使。進而可見，北魏軍鎮內部機構建制完善、職責分明。

北魏軍鎮鎮將族屬，大體上可分為胡族與漢族兩大群體。北魏統治者基於國內各地胡族與漢族勢力強弱有別的現實，為達到鞏固胡族根基之地、控制要地、強化對中原內地的控制、拉攏漢族社會勢力、使胡族上層與漢族上層彼此制衡等目的，會對不同地區軍鎮鎮將中的胡族與漢族勢力所佔比例進行調整。北魏軍鎮鎮將的家世出身呈現出多元化的特點，以漢族鎮將而言，有出身於漢族世族成員、漢族豪族成員、江南歸附者、閹官養子；以胡族鎮將而言，有出身於宗室成員、帝室十姓與勳臣八姓成員、北族中下層貴族、漠北民族降附者、前代胡族政權皇室之裔。北魏軍鎮鎮將族屬來源的多元化，一定程度上反映出胡族與漢族各個階層成員對北魏政權表現出的國家認同。任職軍鎮鎮將，是胡族與漢族成員拓寬仕宦空間的有效方式，大量文獻記載反映出，多數鎮將在完成任期後，或者任中央高級軍政官員，或者任地方州刺史、都督，成為地方軍政大吏。

　　邊疆形勢變化、國家實力演變、統治重心遷移、軍鎮機構由精練到繁冗、
自然環境變化是北魏北部邊疆與南部邊疆地帶軍鎮經歷了初置、地位由盛至
衰過程的重要因素。其中邊疆形勢是影響北魏北疆與南疆地帶軍鎮地位的外
部因素；由統治集團政策、吏治等所影響的國家實力演變、統治重心遷移與
軍鎮機構的精練繁冗是影響北魏北疆與南疆軍鎮地位變遷的內部人為因素；
自然環境由良好趨於惡劣，客觀上來看，只是使北魏北疆軍鎮立足的環境趨
於惡劣，只要北魏中央與北疆地方軍鎮應對得當，大體上可消除環境因素的
威脅，但北魏後期中央內部的動盪、軍鎮內部上層與下層之間的矛盾，使北
疆軍鎮立足的根基受到一定的削弱。

參考文獻

一、史籍

1. （北齊）魏收：《魏書》，北京：中華書局，1974 年。
2. （唐）令狐德棻：《周書》，北京：中華書局，1971 年。
3. （唐）李百藥：《北齊書》，北京：中華書局，1972 年。
4. （唐）魏徵：《隋書》，北京：中華書局。1973 年。
5. （唐）李延壽：《北史》，北京：中華書局，1974 年。
6. （北宋）司馬光：《資治通鑒》，北京：中華書局，1956 年。
7. （北宋）歐陽修、宋祁：《新唐書》，北京：中華書局，1975 年。
8. （清）吳言燿：《元魏方鎮年表》//《兩晉南北朝十史補編》第 2 冊（據開明書店版影印），北京：北京圖書館出版社，2005 年。

二、地理總志文獻

1. （唐）李吉甫：《元和郡縣圖志》，北京：中華書局，1983 年。
2. （北宋）樂史：《太平寰宇記》，北京：中華書局，2007 年。
3. （清）顧祖禹：《讀史方輿紀要》，北京：中華書局，2005 年。

三、文集

1. （清）沈垚：《落帆樓文集》卷一《六鎮釋》//《續修四庫全書》編纂委員會：《續修四庫全書·集部·別集類》第 1525 冊，上海：上海古籍出版社，2013 年。

四、地方志

1. （清）何一傑纂修：《聊城縣志》，康熙七年補刊本，美國哈佛大學漢和圖書館藏。

2. （清）陳食花修，鍾鍔等纂：《益都縣志》，康熙十一年刊本//《中國方志叢書·華北地方·山東省》（影印本），臺北：成文出版社，1976 年。

3. （清）岳宏譽：《靈丘縣志》，康熙二十三年刊本，美國哈佛大學漢和圖書館藏。

4. （清）謝汝霖纂修，于準載訂，朱鈴、張永清、梁少素等纂：《永寧州志》，康熙四十一年刊本，哈佛大學哈佛燕京學院漢和圖書館藏。

5. （清）羅彰彝等纂修：《隴州志》，康熙五十二年刊本//《中國方志叢書·華北地方·陝西省》（影印本），臺北：成文出版社，1970 年。

6. （清）岳濬、法敏總裁：《山東通志》卷三《建置》，乾隆元年刻、道光十七年補刻，哈佛大學哈佛燕京圖書館藏。

7. （清）黃泳第纂修：《成縣新志》，乾隆六年刊本//《中國方志叢書·華北地方·甘肅省》（影印本），臺北：成文出版社，1970 年。

8. （清）汪運正纂修：《襄城縣志》，乾隆十一年刊本//《中國方志叢書·華北地方·河南省》（影印本），臺北：成文出版社，1968 年。

9. （清）吳炳纂修：《宜川縣志》，清乾隆十八年刊本，美國哈佛大學漢和圖書館藏。

10. （清）徐金位纂修：《新野縣志》，乾隆十九年刊本//《中國方志叢書·華北地方·河南省》（影印本），臺北：成文出版社，1976 年。

11. （清）潘世仁修：《阜陽縣志》，乾隆二十年刊本，哈佛大學漢和圖書館藏。

12. （清）姚子琅纂，蔣光祖修：《鄧州志》，乾隆二十年刊本//《中國方志叢書·華北地方·河南省》（影印本），臺北：成文出版社，1976 年。

13. 《靈璧縣志略》，乾隆二十三年刊本，哈佛大學漢和圖書館藏。

14. （清）王植、張金城等纂修：《郯城縣志》，乾隆二十八年刊本//《中國方志叢書·華北地方·山東省》（影印本），臺北：成文出版社，1976 年。

15. （清）達靈阿修，周方炯纂：《重修鳳翔府志》，乾隆三十一年刊本//《中國方志叢書·華北地方·陝西省》（影印本），臺北：成文出版社，1970 年。

16. （清）羅鼇修：《重修鳳翔縣志》，乾隆三十二年刊本，哈佛大學哈佛燕京圖書館藏。

17. （清）魯廷琰修，田呂葉纂：《隴西縣志》，乾隆三十七年刊本//《中國地方志集成·甘肅府縣志輯》第 7 冊（影印本），南京：鳳凰出版社，2008年。

18. （清）張廷榮、王佳賓纂輯：《淄川縣志》，乾隆四十一年刊本，哈佛大學哈佛燕京圖書館藏。

19. （清）王居正等總修，喬集鵷等纂修：《河津縣志》，乾隆四十八年刊本，哈佛大學漢和圖書館藏。

20. （清）甘定遇修，熊天章纂：《棗陽縣志》，乾隆年間刊本//《中國地方志集成·湖北府縣志輯》第 67 冊（影印本），南京：江蘇古籍出版社，2001年。

21. （清）王美、翟文鳳等纂修，張抱璞等校正：《饒陽縣志》，乾隆年間重修本//《中國地方志集成·河北府縣志輯》第 47 冊（影印本），上海：上海書店出版社，2006年。

22. （清）袁文煥等纂修：《隆平縣志》，乾隆年間刊本//《中國地方志集成·河北府縣志輯》第 68 冊（影印本），上海：上海書店出版社，2006年。

23. （清）佚名：《敦煌縣志》，乾隆年間抄本//《中國地方志集成·甘肅府縣志輯》第 49 冊（影印本），南京：鳳凰出版社，2008年。

24. （清）武億、董作棟總纂：《魯山縣志》，嘉慶元年刊本，哈佛大學漢和圖書館藏。

25. （清）丁瀚修，張永清等纂：《中部縣志》，清嘉慶十二年修、民國十四年重刊本//《中國方志叢書·華北地方·陝西省》（影印本），臺北：成文出版社，1970年。

26. （清）倪明進修，栗郢纂：《沁陽縣志》，道光四年刊本//《中國方志叢書·華北地方·河南省》（影印本），臺北：成文出版社，1976年。

27. （清）李德溥修，方駿謨纂：《宿遷縣志》，同治十三年刊本//《中國方志叢書·華中地方·江蘇省》（影印本），臺北：成文出版社，1970年。

28. （清）譚瑀等纂修：《略陽縣志》，光緒三十年重刊本//《中國方志叢書·華北地方·陝西省》（影印本），臺北：成文出版社，1970年。

29. （清）李榮和等總纂，郝登雲等協纂：《永濟縣志》，光緒刊本//《中國地方志集成·山西府縣志輯》第 67 冊（影印本），南京：鳳凰出版社，2005年。

30. （清）王廷華修，王者輔等纂：《宣化府志》//《中國方志叢書·塞北地方·察哈爾》（影印本），臺北：成文出版社，1968年。

31. （清）孟思誼纂修：《赤城縣志》//《中國方志叢書·塞北地方·察哈爾省》（影印本），臺北：成文出版社，1968年。

32. （清）金志傑原本，黃可潤增修：《口北三廳志》//《中國方志叢書·塞北地方·察哈爾》（影印本），臺北：成文出版社，1968年。

33. （清）海忠修，林從炯等纂：《承德府志》//《中國方志叢書·塞北地方·熱河省》（影印本），臺北：成文出版社，1968年。

34. （清）朱超纂修：《清水縣志》//《中國方志叢書·華北地方·甘肅省》（影印本），臺北：成文出版社，1970年。

35. 佚名，清代抄本：《神木縣志》//《中國方志叢書·華北地方·陝西省》，臺北：成文出版社，1970年。

36. （民國）張鼎彝：《綏乘》，民國十年鉛印本//呼和浩特市地方志編修辦公室、內蒙古圖書館、內蒙古社科院圖書館：《內蒙古歷史文獻叢書》之十一（影印本），呼和浩特：遠方出版社，2012年。

37. （民國）余家謨等修，王嘉詵等纂：《銅山縣志》，民國十五年刊本//《中國方志叢書·華中地方·江蘇省》（影印本），臺北：成文出版社，1970年。

38. （清）劉德昌修，葉澐纂：《商丘縣志》，民國二十一年石印本//《中國方志叢書·華北地方·河南省》（影印本），臺北：成文出版社，1968年。

39. 劉濟南等修，曹子正等纂：《橫山縣志》，民國十八年石印本//《中國方志叢書·華北地方·陝西省》（影印本），臺北：成文出版社，1969年。

40. 陳鴻疇修，劉盼遂纂：《長葛縣志》，民國十九年鉛印本//《中國方志叢書·華北地方·河南省》（影印本），臺北：成文出版社，1976年。

41. （民國）韓嘉會等纂修：《新修閿鄉縣志》，民國二十一年鉛印本//《中國方志叢書·華北地方·河南省》（影印本），臺北：成文出版社，1968年。

42. （民國）鄭裕孚纂，鄭植昌修：《歸綏縣志》，民國二十四年鉛印本//《中

國方志叢書·華北地方·綏遠省》（影印本），臺北：成文出版社，1968年。

43. （民國）劉國斌等修，劉錦堂等纂：《掖縣志》，民國二十四年鉛印本//《中國方志叢書·華北地方·山東省》（影印本），臺北：成文出版社，1968年。

44. （民國）歐陽珍修，韓嘉會等纂：《陝縣志》，民國二十五年鉛印本//《中國方志叢書·華北地方·河南省》（影印本），臺北：成文出版社，1968年。

45. （民國）田金祺等修，趙東階等纂：《汜水縣志》//《中國方志叢書·華北地方·河南省》（影印本），臺北：成文出版社，1968年。

46. （民國）徐昭儉修、楊兆泰纂：《新絳縣志》//《中國方志叢書·華北地方·山西省》（影印本），臺北：成文出版社，1976年。

47. （民國）姚展監修，賈纘緒總纂：《民國天水縣志》//《中國地方志集成·甘肅府縣志輯》第 32 冊（影印本），南京：鳳凰出版社，2008年。

48. 《寧縣志》編委會：《寧縣志》，蘭州：甘肅人民出版社，1988年。

49. 山東省沂水縣地方史志編纂委員會編：《沂水縣志》，濟南：齊魯書社，1997年。

50. 甘肅省武都縣地方志編纂委員會：《武都縣志》，北京：三聯書店，1998年。

51. 江蘇省灌雲縣地方志編纂委員會編：《灌雲縣志》，北京：方志出版社，1999年。

五、墓誌

1. 羅振玉輯：《芒洛冢墓遺文》卷上//《石刻史料新編》第 1 輯第 19 冊，臺北：新文豐出版公司，1977年。

2. 王其禕、周曉薇：《隋代墓誌銘匯考》，北京：線裝書局，2007年。

3. 趙超：《漢魏南北朝墓誌彙編》，天津：天津古籍出版社，2008年。

4. 韓理洲等輯校編年：《全北齊北周文補遺》，西安：三秦出版社，2008年。

5. 韓理洲等輯校編年：《全北魏東魏西魏文補遺》，西安：三秦出版社，2010年。

6. 洛陽市文物管理局：《洛陽出土少數民族墓誌彙編》，鄭州：河南美術出版社，2011年。

六、專著

1. 譚其驤主編：《中國歷史地圖集》第四冊《東晉十六國南北朝時期》，北京：中國地圖出版社，1982 年。

2. 嚴耕望：《中國地方行政制度史·魏晉南北朝地方行政制度》，上海：上海古籍出版社，2007 年。

3. 陳明源：《中國縣級以上政區歷史名稱錄》，杭州：西泠印社，2011 年。

4. 內蒙古自治區文物考古研究所：《內蒙古文化遺產叢書·包頭文化遺產》，北京：文物出版社，2014 年。

5. 內蒙古自治區文物考古研究所：《內蒙古文化遺產叢書·巴彥淖爾文化遺產》，北京：文物出版社，2014 年。

6. 內蒙古自治區文物考古研究所：《內蒙古文化遺產叢書·烏蘭察布文化遺產》，北京：文物出版社，2014 年。

7. 牟發松、毋有江、魏俊傑：《中國行政區劃通史·十六國北朝卷》，上海：復旦大學出版社，2017 年。

8. 張文平、袁永明主編：《輝騰錫勒草原訪古》，北京：文物出版社，2017 年。

七、論文

（一）期刊論文

1. 俞大綱：《北魏六鎮考》，載《禹貢半月刊》第一卷第十二期，1934 年，第 2～6 頁。

2. 張郁：《內蒙古大青山後東漢北魏古城遺址調查記》，載《考古通訊》，1958 年第 3 期，第 14～22 頁。

3. 唐長孺：《北魏末期的山胡敕勒起義──北魏末期人民大起義研究之二》，載《武漢大學學報》，1964 年第 4 期，第 60～78 頁。

4. 竺可楨：《中國近五千年來氣候變遷的初步研究》，載《考古學報》，1972 年第 1 期，第 15～38 頁。

5. 唐長孺：《北魏沃野鎮的遷徙》，載《華中師院學報》，1979 年第 3 期，第 29～32 頁。

6. 崔璿：《石子灣北魏古城的方位、文化遺存及其他》，載《文物》，1980 年第 8 期，第 55～61、96 頁。

7. 王文楚：《從內蒙古昆都侖溝幾個古城遺址看漢至北魏時期陰山稒陽道交通》，載《復旦學報》(社會科學版)(增刊)，1980 年，第 113～118 頁。

8. 陝西省文管會：《統萬城城址勘測記》，載《考古》，1981 年第 3 期，第 225～232 頁。

9. 內蒙古文物工作隊、包頭市文物管理所：《內蒙古白靈淖城圐圙北魏古城遺址調查與試掘》，載《考古》，1984 年第 2 期，第 145～152 頁。

10. 田建平：《略論柔然與北魏的關係》，載《內蒙古大學學報》(哲學社會科學版)，1986 年第 3 期，第 107～112、106 頁。

11. 牟發松：《六鎮新釋》，載《爭鳴》，1987 年第 6 期，第 99～102 頁。

12. 崔明德：《柔然與中原王朝的和親》，載《西北民族學院學報》(哲學社會科學版)，1990 年第 4 期，第 50～56 頁。

13. 張金龍：《北魏中後期的北邊防務及其與柔然的和戰關係》，載《西北民族研究》，1992 年第 2 期，第 49～63 頁。

14. 張郁：《呼和浩特地區的古戰場》，載《內蒙古文物考古》，1996 年第 1 期，第 45～54 頁。

15. 李興盛、趙傑：《四子王旗土城子、城卜子古城再調查》，載《內蒙古文物考古》，1998 年第 1 期，第 13～19 頁。

16. 常謙：《北魏長川古城遺址考略》，載《內蒙古文物考古》，1998 年第 1 期，第 20～25 頁。

17. 梁偉基：《北魏軍鎮制度探析》，載《中央民族大學學報》(社會科學版)，1998 年第 2 期，第 54～59 頁。

18. 鮑桐：《北魏北疆幾個歷史地理問題的探索》，載《中國歷史地理論叢》，1999 年第 3 期，第 63～92 頁。

19. 索秀芬：《內蒙古地區北魏城址》，載《內蒙古文物考古》，2002 年第 1 期，第 90～96 頁。

20. 馬大正：《中國古代的邊疆政策與邊疆治理》，載《西域研究》，2002 年第 4 期，第 1～15 頁。

21. 鄧輝、夏正楷、王琫瑜：《利用彩紅外航空影像對統萬城的再研究》，載《考古》，2003 年第 1 期，第 70～78 頁。

22. 張敏：《論北魏長城——軍鎮防禦體系的建立》，載《中國邊疆史地研究》，

2003 年第 2 期，第 13～18 頁。

23. 林育辰：《道武帝登國九年在五原的開發——兼論六鎮的起源》，載《新北大史學》，2005 年第 3 期，第 123～140 頁。

24. 方鐵、鄒建達：《論中國古代治邊之重北輕南傾向及其形成原因》，載《雲南師範大學學報》（哲學社會科學版），2006 年第 3 期，第 174～181 頁。

25. 魏雋如、張智海：《北魏柔玄鎮地望考述》，載《北方文物》，2009 年第 1 期，第 85～90 頁。

26. 趙曉燕：《略論柔然與中原政權的關係》，載《煙臺大學學報》（哲學社會科學版），2009 年第 1 期，第 106～114 頁。

27. 鄭紹宗、鄭立新：《河北古代長城沿革考略（上）》，載《文物春秋》，2009 年第 3 期，第 30～40 頁。

28. 徐美莉：《北魏軍鎮長官多種官稱的歷史語境考察》，載《內蒙古社會科學》，2011 年第 4 期，第 63～67 頁。

29. 陳躍：《「因俗而治」與邊疆內地一體化——中國古代王朝治邊政策的雙重變奏》，載《雲南師範大學學報》（哲學社會科學版），2012 年第 2 期，第 38～44 頁。

30. 胡玉春：《從柔然汗國與北魏的關係看北魏北邊防務的興衰》，載《內蒙古社會科學》，2012 年第 4 期，第 72～75 頁。

31. 張文平、苗潤華：《長城資源調查對於北魏長城及六鎮鎮戍遺址的新認識》，載《陰山學刊》，2014 年第 6 期，第 18～30 頁。

32. 李書吉、趙洋：《六鎮防線考》，載《史志學刊》，2015 年第 1 期，第 74～81 頁。

33. 何建國、郭建菊：《北魏六鎮與柔然關係探析》，載《山西大同大學學報》（社會科學版），2015 年第 4 期，第 39～42、45 頁。

34. 蔡金仁：《從北魏與南朝戰爭看河南四鎮的戰略地位》，載《人文社會科學研究》，2016 年 6 月，第 63～84 頁。

35. 周揚：《北魏六鎮防線的空間分析》，載《中國國家博物館館刊》，2017 年第 12 期，第 25～36 頁。

（二）論文集中的論文

1. 岑仲勉：《北魏國防的六鎮》//岑仲勉：《中外史地考證》，北京：中華書

局，1962 年，第 186～194 頁。

2. 岑仲勉：《懷荒鎮故址辯疑》//岑仲勉：《中外史地考證》，北京：中華書局，1962 年，第 195～198 頁。

3. 岑仲勉：《評沈垚懷荒鎮故址說》//岑仲勉：《中外史地考證》，北京：中華書局，1962 年，第 199～201 頁。

4. 岑仲勉：《六鎮餘譚》//岑仲勉：《中外史地考證》，北京：中華書局，1962 年，第 202～205 頁。

5. 牟發松：《北魏軍鎮考補》//武漢大學歷史系魏晉南北朝隋唐史研究室：《魏晉南北朝隋唐史資料》（第七期），1985 年，第 64～74 頁。

6. 周偉洲：《三國兩晉南北朝的邊疆形勢與邊疆政策》//馬大正，主編：《中國古代邊疆政策研究》，北京：中國社會科學出版社，1990 年，第 84～149 頁。

7. 周一良：《北魏鎮戍制度考》//周一良：《周一良集》第一卷《魏晉南北朝史論》，瀋陽：遼寧教育出版社，1998 年，第 251～266 頁。

8. 周一良：《北魏鎮戍制度續考》//周一良：《周一良集》第一卷《魏晉南北朝史論》，瀋陽：遼寧教育出版社，1998 年，第 267～278 頁。

9. 蘇哲：《內蒙古土默川、大青山的北魏鎮戍遺跡》//北京大學中國傳統文化研究中心：《北京大學百年國學文粹·考古卷》，北京：北京大學出版社，1998 年，第 635～649 頁。

10. 劉幻真：《固陽縣城圐圙北魏古城調查》//張海斌，主編：《包頭文物考古文集》（上），呼和浩特：內蒙古大學出版社，2009 年，第 495～502 頁。

11. 內蒙古文物工作隊、包頭市文物管理所：《內蒙古白靈淖城圐圙北魏古城遺址調查與試掘》//張海斌，主編：《包頭文物考古文集》（上），呼和浩特：內蒙古大學出版社，2009 年，第 503～517 頁。

12. 毋有江：《拓跋鮮卑政治發展的地理空間》//武漢大學中國三至九世紀研究所：《魏晉南北朝隋唐史資料》（第二十八輯），上海：上海古籍出版社，2012 年，第 25～54 頁。

13. 佐川英治：《北魏六鎮史研究》//《中國中古史研究》編委會：《中國中古史研究》第五卷，上海：中西書局，2015 年，第 55～128 頁。

後　記

　　此次出版的小著是我申請的 2014 年內蒙古自治區哲學社會科學規劃項目「北魏北部邊疆與民族政策研究」結項成果的延伸。選擇與北魏有關的歷史問題做為題目，可以說是與我在本科至博士研究生階段進行中國古代史的學習與探索、尤其是 2012 年入職內蒙古大學歷史與旅遊文化學院進行中國中古史的科研與教學有著密切的關係。

　　我的本科母校內蒙古大學位於祖國北疆的內蒙古自治區，而內蒙古地區無論在古代，還是當今，都是多民族聚居、交匯與交融的地方。受學習與生活環境的影響，自本科學習歷史專業，無論是中國古代通史課程、還是斷代史的選修課，每逢授課老先生講解中國古代北方民族歷史，我都有一種「久旱逢甘露」的感覺，當時的課堂筆記、讀書隨感至今還保存在我的書房中。我當初曾有以蒙古民族歷史做為以後攻讀研究生學位、博士生學位的探索與研究目標，但由於後來考研、讀博的學校區域民族歷史研究因素以及我的蒙古語言能力有限，想深入探究蒙古歷史的目標只能擱淺。我攻讀碩士學位期間所探究的是魏晉南北朝史，我的碩士生導師張鶴泉老師根據我的研究興趣以及我未來的工作區域意向，建議我的碩士畢業論文可以考慮鮮卑族、北魏方向，正好我手頭有讀本科時從《魏書》搜集的北魏風俗文化資料，碩士畢業論文以《北魏時期皇帝賜宴考略》為題目。在繼續跟隨張老師攻讀魏晉南北朝史方向博士學位時，在張老師指導下，從事以農業文明與游牧文明相互影響、華夏民族與北方民族交融為視角的北朝北方地區歷史風俗的研究，最終完成博士畢業論文「北朝時期釀酒、飲酒及對社會的影響研究」。

　　2012 年從吉林大學古籍研究所畢業，入職我的本科母校內蒙古大學，從

事中國古代史的科研與教學，執著於碩士、博士階段形成的研究方向，將研究中心逐步定在北魏軍事史與政治史上，並且逐步與內蒙古古代地方史相結合。2014 年，我成功申請到內蒙古自治區哲學社會科學規劃項目「北魏北部邊疆與民族政策研究」，隨後出版專著一本，發表與北魏北疆相關的論文兩篇。在入職後的科研與教學中，更深入認識到魏晉南北朝歷史文獻的有限性，為使我所熱衷的北魏軍事史與政治史的研究得以深入，我遵循王國維所主張的「二重證據法」原則，將傳世文獻與出土文獻更緊密結合，在深入發掘文獻的同時，廣泛搜集北魏時期墓誌，因為墓誌所記具有歷史記載的原始性與真實性特徵，可以與正史文獻互補互證。圍繞著世族意識與國家政治變遷、北魏倚重軍鎮來經營邊疆與治理內地，我從眾多北魏墓誌中搜集、整理與發掘出胡漢交融背景下的北魏胡族群體發展走向、北魏軍鎮興廢與邊疆治理的資料，進而使自己研究所依據之基礎得以進一步鞏固、探究問題之視野得以進一步拓寬。早在申請 2014 年內蒙古自治區哲學社會科學規劃項目之前，我曾想以北魏軍鎮為整體研究對象，但在搜集資料過程中，發現以符合內蒙古古代歷史研究的項目標準來看，原來所設想題目內容過於廣泛，難以體現內蒙古古代地方歷史特色，最終決定將研究視角範圍定於主要分布在今內蒙古境內的北魏北疆軍鎮防禦體系。2018 年，《北魏北部邊疆與民族政策研究》由臺灣花木蘭文化出版社出版。在結項成果出版後，我便著手將對北魏軍鎮的研究由北魏北部邊疆軍鎮擴展到北魏軍鎮整體，從自然因素與人為因素視角來探究北魏軍鎮的興衰演變；研究內容涉及「正史文獻與墓誌所見北魏軍鎮」、「自然因素對北魏軍鎮防禦體系規劃布局的影響—以北部邊疆軍鎮防禦體系為中心」、「北魏軍鎮機構考論」、「北魏軍鎮鎮將族屬與家世出身、仕宦發展」、「北魏軍鎮盛衰的原因—以邊疆軍鎮為中心的考察」五個方面。

本次小著的出版，是我對北魏軍鎮進行整體研究的開始，每個章節所涉及的內容在以後的研究中還要進一步深入與拓展。在未來研究中，我將要以鮮卑拓跋氏入主北方後政治中心所在的今山西、河南地區軍鎮進行個案研究，已達到洞悉軍鎮分布對區域歷史影響的目的。

從 2018 年 6 月確定題目為「北魏軍鎮及軍鎮職官考—以正史文獻與墓誌為中心的探討」，到 2021 年 6 月初稿定稿，歷經 3 年。為按時完成書稿，同時保障所論問題的精準與深入，在這三年期間，除工作、回家照顧家人，每天的大部分時間用於涉及北魏歷史的正史文獻、墓誌資料的整理、地方志文

獻的查閱以及書稿的寫作。有時家人入睡後，我一個人到書房，在夜深人靜之際，通過敲擊鍵盤，將自己關於本書每一章節的研究想法，落實到文字中。看到初稿已成，感覺過去三年的辛苦付出是值得的。

　　我入職內蒙古大學歷史與旅遊文化學院後，在科研道路中，得益於學院前輩張久和老師、王紹東老師、王慶憲老師在學術方面的指導與幫助，受益於學院前輩營造的嚴謹學風與良好的學術氛圍。

　　在此還要感謝河南洛陽關林管理處的趙振華老師、洛陽文物考古研究院的嚴輝老師。2018年、2019年，我兩次到洛陽博物館、洛陽古代藝術博物館、北魏邙山墓區探尋北魏歷史遺跡、查閱北魏墓誌資料。期間拜訪趙振華老師、嚴輝老師，就洛陽地區北魏歷史遺跡的分布、北魏墓誌出土情況以及如何深入發掘北魏墓誌所蘊含的豐富歷史訊息等問題向上述老師學者請教，趙老師、嚴老師對我所提問題予以細緻解答；趙老師就北魏北方民族墓誌探究的細節問題，予以系統指導。2018年、2019年的兩次洛陽探訪之行，得益於洛陽當地學者的幫助，使我在搜集資料上獲益頗豐。

　　未來的科研學術之路還很漫長，我將繼續砥礪前行。

2021年3月初稿完成於家中書房
2021年6月改定於家中書房